SO-FCX-449

études françaises

LE ROMAN CHEVALERESQUE TARDIF

ISBN 2-7606-2487-0   ISSN 0014-2085
Dépôt légal, 1er trimestre 1996 • Bibliothèque nationale du Québec
Tous droits de reproduction, d'adaptation ou de traduction réservés
© Les Presses de l'Université de Montréal, 1996

PRÉSENTATION

LE ROMAN CHEVALERESQUE TARDIF : PERMANENCE, CONTAMINATION, DISSOLUTION

JEAN-PHILIPPE BEAULIEU

L'expression «roman chevaleresque tardif», utilisée pour décrire les récits de la fin du Moyen Âge et de la Renaissance que le XVIIe siècle a qualifiés de «romans de chevalerie», est l'une des nombreuses désignations problématiques qui peuplent la taxinomie littéraire. En effet, le caractère déjà fuyant et protéiforme de la notion de roman ne gagne guère à être associé à l'adjectif «chevaleresque» dont la valeur explicative est forcément distendue par l'ampleur de la réalité textuelle qu'elle recouvre (matières antique, arthurienne, etc.). C'est toutefois lorsque s'ajoute le terme «tardif», employé à des fins de précision chronologique, que l'expression peut devenir une source de perplexité. Comment ne pas reconnaître, dans la connotation négative dont est porteur le terme (et qui souligne la position excentrique de ces textes relativement à un corpus dit «classique»), un signe du rapport problématique que le lectorat moderne entretient avec un ensemble de textes historiquement importants mais méconnus? Ces *Amadis* et *Perceforest*, dont on a amplement souligné la popularité et l'influence jusque fort tard au XVIIe siècle, qui les a lus? Il est sûr que leurs dimensions et la complexité de leur développement narratif peuvent décourager le lecteur d'aujourd'hui; ces mêmes caractéristiques avaient pourtant l'effet contraire sur le public de l'époque.

Ce n'est pas que l'imaginaire chevaleresque — au sens le plus large — nous soit étranger; loin de là, si l'on se fie à l'intérêt actuel pour les *medievalia* et leurs sous-produits, comme les jeux de *donjons et dragons* et les romans de type *fantasy*. C'est le «véhicule» ou, si l'on préfère, la mise en forme de cet imaginaire qui semble faire toute la différence. Or, ce sont les études portant sur les aspects formels de cette production textuelle qui font le plus cruellement défaut. S'il existe des analyses descriptives de certains de ces romans, il est difficile de trouver une prise en compte globale de la façon dont la *conjointure* narrative donne vie à la matière chevaleresque qui alimente ces récits de la Renaissance et de la fin du Moyen Âge. Bien que sommaire, la bibliographie qui figure dans la partie *documents* de ce numéro illustre clairement la quasi-absence d'éditions modernes de ces romans, ainsi que la relative rareté de textes critiques qui leur sont consacrés.

Constitué d'un ensemble varié d'études qui explorent les frontières d'un type textuel que nous qualifions pragmatiquement de roman chevaleresque tardif, ce numéro d'*Études françaises* n'a pas l'ambition de proposer une poétique du genre. Il se veut simplement le lieu de rencontre de diverses perspectives et réflexions sur un objet aux contours imprécis mais néanmoins reconnaissables, soumis à certains phénomènes qui interviennent dans la mise en œuvre des aventures chevaleresques que présentent ces textes. On pourrait regrouper ces phénomènes en trois faisceaux correspondant à trois types de rapport avec la tradition : la continuation, la contamination et la dissolution de traits thématiques et formels. Le centre de gravité du genre se situe donc entre le respect de la tradition et, surtout au XVIᵉ siècle, sa subversion ou sa remise en question. Si une telle affirmation peut s'appliquer à bien des types textuels, elle est tout particulièrement pertinente pour des récits dont l'existence et la popularité sont fondées en grande partie sur des effets complexes d'intertextualité. L'attachement nostalgique à certaines formes et matières — et la nécessité d'y faire appel, même pour les parodier — explique probablement les multiples continuations de cycles romanesques et les nouvelles versions, ces *remakes* que connaissent au XVIᵉ siècle les aventures de personnages désormais célèbres (Tristan, Lancelot).

On comprendra ainsi la complexité du dialogue qui s'établit, dans plusieurs romans tardifs, entre continuité et innovation. C'est le cas pour le *Meliador* de Froissart qui, comme le montre Peter Dembowski, manifeste très clairement une volonté de préserver les valeurs du passé et de restaurer le véritable roman arthurien en vers, à une époque où le dérimage est devenu pratique courante. Mais, ne serait-ce que sur le plan de l'inscription de l'aventure dans un cadre géographique, certains changements se font sentir, notamment dans le *Jehan de Saintré* d'Antoine de la Sale, même si les romans français semblent généralement peu touchés par les nouvelles connaissances géographiques, ainsi que le signale Michel Stanesco. Dans une volonté de préciser l'identité et la légitimité du roman chevaleresque, les auteurs de la Renaissance ne semblent pouvoir faire l'économie d'une réflexion sur l'épopée qui, par-delà le Moyen Âge, établit un lien avec l'Antiquité par l'intermédiaire des écrivains italiens. L'extrait inédit du *Beau romant des deux amans* d'Anne Mallet de Graville, que présente Mawy Bouchard, permet d'entrevoir la nature complexe des rapports qu'établit le texte entre romanesque et épique. Marian Rothstein, quant à elle, montre bien que, dans les traités poétiques du XVIe siècle s'établit une certaine équivalence entre roman et épopée, le prestige de la dernière rejaillissant forcément sur le premier. On comprend ainsi l'effort des romanciers renaissants pour donner aux héros épiques une nouvelle vitalité dans un cadre romanesque. Tel est notamment le cas du personnage d'Ogier relevé par Voichiţa Sasu.

On sent ici se profiler la notion de contamination, processus favorisant l'intégration de données provenant d'autres formes narratives qui finit par donner au roman tardif des contours mouvants et une dynamique évolutive l'amenant dans certains cas assez près de l'éclatement ou de la dissolution. Plusieurs des articles de ce numéro mettent en relief la perméabilité du roman chevaleresque à d'autres types de récit : l'épopée, bien sûr, mais aussi la nouvelle (Pierre Servet), et le roman sentimental qui, sous la plume d'une femme, donne une tout autre orientation à l'univers chevaleresque (Jean-Philippe Beaulieu). Cette perméabilité semble parfois produire des effets contradictoires, qu'on a occasionnellement mis sur le compte d'une intention parodique. Diane Desrosiers-Bonin et Pierre Servet examinent les modalités de tels effets de «subversion» des idéaux courtois, qui paraissent de plus en plus désuets par rapport à la réalité contemporaine. Mais là réside justement la fascination qu'exercent ces textes sur un public qui voudrait bien s'y reconnaître, tout en étant conscient de la vacuité d'un tel désir. D'où, probablement, les traces fréquentes d'une mise à distance de la matière chevaleresque, dont le statut ne va pas nécessairement de soi.

Héritier d'une riche tradition narrative et creuset d'échanges intertextuels ayant mené aux romans héroïque et picaresque, le roman chevaleresque tardif est également porteur d'un imaginaire aux facettes multiples qui est loin d'être dénué d'intérêt pour le lecteur moderne.

Meliador de Jean Froissart, son importance littéraire: le vrai dans la fiction

P. F. DEMBOWSKI

Pour les écrivains français du Moyen Âge, le problème du vrai et du fictif semble, en apparence, plus simple que de nos jours. On condamne le *feint*, pour employer le terme de l'époque, et on prétend que tout ce que l'on écrit est vrai. On insiste sur la sincérité, sur la vérité psychologique du chant courtois. On présuppose l'historicité des chansons de geste et des récits hagiographiques sans pourtant se pencher sur ce que nous appelons la vérité historique[1]. C'est dans les romans que la situation est la plus nuancée. Ceux-ci sont attaqués. Par exemple, Thomas de Cobham, auteur d'un manuel pour

---

1. Les chroniqueurs dont l'attitude envers la véracité nous intéresse le plus ici insistent sur leur rôle de témoins oculaires ou auriculaires des événements décrits. Jean Froissart, comme ses prédécesseurs, souligne le fait qu'il raconte des choses vues ou entendues. Le problème de la vérité des *Chroniques* de Froissart a été récemment réexaminé par Peter F. Ainsworth dans *Jean Froissart and the Fabric of History. Truth, Myth, and Fiction in the Chroniques*, Oxford, Clarendon Press, 1990; voir surtout les chapitres « The Quest for Truth » et « The Transmission of Truth » p. 140-215.

confesseurs, condamne purement et simplement les romans[2]. Les romanciers ont toujours usé de toutes sortes de stratagèmes pour justifier la prétendue véracité de la matière présentée, ou du moins pour disculper l'auteur. Ils insistent sur le fait que leur matière est vraie, qu'elle n'est qu'un simple remaniement, une continuation, que cette matière provient des contes bretons, qu'elle leur a été fournie par un mécène, qu'elle a été trouvée dans un vieux livre, etc., et par là, témoignent du fait que la dichotomie séculaire de la *Dichtung und Wahrheit* préoccupait non seulement les moralistes du temps mais les romanciers eux-mêmes.

Heureusement pour la littérature d'imagination, on découvre, ou plutôt on redécouvre assez tôt que le songe n'est pas mensonge. C'est ce principe, évoqué sans doute en réponse à la critique d'un Thomas de Cobham, qui permettra une entrée dans le monde des rêves et des visions, c'est-à-dire une entrée dans le merveilleux. Heureusement aussi pour la littérature tout court, on insiste davantage sur la vérité morale du récit, à savoir sur la vérité du *bonum exemplum*. C'est comme toujours dans la prédication, ainsi que dans la littérature romanesque (mais peut-être à un moindre degré) la *cura animarum* a préséance sur la vérité historique. Afin que tous les exemples, si souvent peu édifiants, des *Métamorphoses* soient admis dans la littérature française du XIVᵉ siècle, il a fallu qu'Ovide devienne l'*Ovide moralisé*. Les véritables penseurs de l'époque, surtout ceux qui citaient avec enthousiasme les *poetæ*, c'est-à-dire les écrivains de l'antiquité gréco-latine, étaient fort conscients de ce fait : «... *quoniam et mendacia poetarum serviunt veritati*», cette formule saisissante de Jean de Salisbury[3], écrite vers 1170, c'est-à-dire vers l'époque où Chrétien de Troyes mettait la première main à son œuvre, résume de façon lapidaire cette préséance de la vérité morale sur la vérité historique.

La bataille réaliste, si elle a effectivement eu lieu dans les lettres françaises du Moyen Âge, a été de fait gagnée, du moins dans le cas des romans, grâce à une combinaison des causes mentionnées ci-dessus, et aussi ne l'oublions pas, grâce aux éléments réalistes que l'on retrouve surtout dans les

2. Thomas de Cobham a rédigé son manuel vers 1215. Il y loue ainsi ceux «[...] *qui cantant gesta principium et vitas sanctorum et faciunt solatia hominibus* [...]», mais condamne tous les autres, y compris ceux qui «*frequentant publicas potationes et lascivias congregationes ut cantant ibi lascivas cantilenas, ut moveant homines as lasciviam, et tales sunt damnabiles sicut et alii*». *Summa confessorum*, éd. Francis Broomfield, «Analecta Mediævalia Namurcensia», nᵒ 25, Louvain et Paris, Nauwelaerts, 1968), p. 292.

3. *Ioąnis saresberiensis episcopi carnotensis policratici, sive de nvgis cvrialium et vestigiis philosophorum libri viii*, éd. Clemens C. I. Webb, Oxford, Clarendon Press, 1909, vol. I, p. 186.

détails des romans[4], même les plus merveilleux et les plus fantastiques. On peut chasser le réel, il revient au galop. Toujours est-il que, surtout après la parution de la première partie du *Roman de la Rose,* les romanciers se sentent plus ou moins libres non seulement de remanier ou de continuer en vers et en prose[5] les romans qui existent, mais aussi d'en composer de nouveaux, sans pourtant abandonner les différentes *protestationes veritatis* inventées par leurs prédécesseurs. Les auteurs des romans tardifs, y compris Froissart, le feront aussi. Il serait erroné de considérer ces protestations comme de simples poncifs hérités. Elles gardent toujours une certaine signification, précisément parce que ni la vérité absolue ni la fiction pure ne sont vraiment possibles dans la création littéraire. Et si certains moralistes du Moyen Âge se trompaient en condamnant toute invention comme mensongère, certains critiques modernes se trompent eux aussi en réduisant tout aspect de la réalité au verbal, au « texte ». Il y a du réel et du fictif dans toute création littéraire.

Afin d'examiner cette coexistence du vrai et du vécu avec l'imaginé et le fictif, nous voudrions revenir sur un sujet auquel nous avons déjà accordé beaucoup d'attention par le passé. Dans notre *Jean Froissart and his Meliador. Context, Craft, and Sense*[6] nous avons examiné divers aspects de ce dernier

4. Voir à ce propos la thèse d'Anthime Fourrier, *Le Courant réaliste dans le roman courtois en France au Moyen Âge,* Paris, Nizet, 1960.
5. L'introduction de la prose (au commencement dans les traductions, les remaniements et les continuations) est aussi liée au problème de la vérité. Ainsi Boncompagno da Signa (maître de la rhétorique à l'Université de Bologne) déclare : « *Tota scriptura trahit originem a prosa. Nam rithmi et metra suunt quedam mendicata suffragia, que a prosa originerm trahunt.* » Carl Sutter, *Aus Leben und Schriften des Magisters Boncompagno : Ein Beitrag zur italienischen Kulturgeschichte im Dreizehnten Jahrhundert,* Freiburg et Leipzig, Mohr, 1894, p. 106. Cette déclaration péremptoire (faite dans un *ars dictaminis, Palma,* composé en 1198) trouve un écho dans la traduction en prose française de la *Chronique* du Pseudo-Turpin faite en 1202 par Nicolas de Senlis. S'adressant à la comtesse de Saint-Pol, il s'en prend d'abord aux versions rimées françaises : « Maintes gens si en ont oï conter et chanter, mes n'est si mençonge non ço qu'il en dient e en chantent cil chanteor et cil jogleor. Nus contes rimés n'est verais, tot est mençongie ço qu'il dient [...] », déclarant ensuite que [la comtesse] « si me proie que je le mete de latin en roman sans rime[...] ». Georges Doutrepont, *Les Mises en prose des épopées et des romans chevaleresques du XIVe au XVIe siècles,* Bruxelles, Mémoires de l'Académie royale de Belgique, 1939, p. 385. Doutrepont (aux p. 380-413) offre d'autres exemples de cette identification de la prose avec la vérité aux XIVe et XVe siècles.
6. « The Edward C. Armstrong Monographs on Medieval Literature », n⁰ 2, Lexington, French Forum, 1983. Avant cette date, nous avons publié une étude préliminaire « Considérations sur *Meliador* » dans *Études de Philologie Romane et d'Histoire Littéraire offertes à Jules Horrent à l'occasion de son soixantième anniversaire,* éd. Jean Marie d'Heur et Nicoletta Cherubini, Liège, s. n., 1980, p. 123-31.

des romans arthuriens en vers octosyllabiques qui ne soient ni
continuation ni remaniement. Nous revenons à *Meliador* précisément parce qu'il a été considéré comme une œuvre totale-
ment dépourvue non seulement de vérité historique, mais de
réalisme pur et simple. Son éditeur, Auguste Longnon[7], avait
émis (il y a cent ans déjà) des jugements repris par les rares
critiques[8] qui se sont intéressés au roman de Froissart. Longnon
reproche à *Meliador* d'être d'abord abstrus et de comporter un
trop grand nombre de héros. Il y voit un manque d'unité :

> [...] l'intérêt du lecteur se concentre à certains moments sur
> des personnages qui, dans une œuvre mieux composée, ne se
> présenteraient pas avec le même relief. Agamanor et Phéno-
> née d'une part, Sagremor et Sébille de l'autre, font trop sou-
> vent oublier les véritables héros du roman. (p. vi)

Notre objet n'est pas ici de répondre en détail à ces
critiques. Il suffit de dire que la longueur du récit est liée au
goût de l'époque, et que le nombre de personnages est dû à la
longueur du récit, ainsi qu'au principe de l'entrelacement,
que Froissart a perfectionné peut-être au détriment de l'appréciation des lecteurs des XIXe et XXe siècles, mais *de gusti-
bus*... Plus sérieuse est sa critique du manque d'unité de
l'action. Comme la première critique, elle est anachronique
(qui est le véritable héros du *Conte du Graal*, Perceval ou Gauvain?). Mais il y a plus : ni Meliador et sa future épouse,
Hermondine, ni Agamanor et Phenonee, ni Sagremor et
Sebille ne sont les véritables héros du roman. *Meliador* ne
compte aucun protagoniste, pas plus qu'il n'y en a dans les
Chroniques[9] ou, plus exactement, dans les deux cas le protagoniste est collectif. Le véritable héros de ces deux œuvres, c'est
la chevalerie européenne, collective, hiérarchisée. Meliador,
fils du duc de Cornouailles, n'est qu'un *primus inter pares*

---

7. *Méliador. Roman comprenant les poésies lyriques de Wenceslas de
Bohême, duc de Luxembourg et de Brabant*, 3 vol., « Société des Anciens Textes
Français », Paris, Firmin-Didot, 1895-1899.
    8. Voir ainsi : Mary Darmesteter, *Froissart*, « Les Grands Écrivains
Français », Paris, Hachette, 1894 ; Frederick Sidney Shears, *Froissart : Chroni-
cler and Poet* (London, Routledge, 1930, réimprimé en 1972) ; Maurice Wil-
motte, *Froissart* (Collection « Notre Passé », Bruxelles, Renaissance du Livre,
1943 ; Bartlett Jere Whiting, « Froissart as Poet » *Mediæval Studies*, n° VIII,
1946, p. 189-216 ; Julia Bastin, *Froissart : Chroniqueur, romancier et poète*,
2ᵉ éd., Bruxelles, Office de Publicité de la Collection nationale, 1948. Tous
ces critiques réitèrent l'attitude de Longnon, y compris l'accusation du « don-
quichottisme » du *Meliador*. Seule Julia Bastin souligne que les lecteurs intelli-
gents de l'époque prisaient beaucoup le roman. Shears, un Écossais, analyse
un épisode, où il entrevoit la couleur locale écossaise (p. 213-15).
    9. En ce qui concerne les *Chroniques*, on pourrait avancer la thèse
que le protagoniste en est Froissart lui-même.

parmi ces jeunes et innocents chevaliers arthuriens. Il est vainqueur de trois grands tournois et, avant cela, vainqueur du duel contre Camel de Camois, chevalier *amoureus*, comme tous les autres, mais impétueux, cruel et agressif. Meliador élimine ce perturbateur de la paix courtoise au v. 9100, concluant ainsi la trame initiale du roman, qui n'en continuera pas moins pendant plus de 20 000 vers.

C'est le troisième point de la critique de Longnon qui nous intéresse ici, et plus particulièrement la relation entre ce roman et la réalité historique et sociale du temps. À la fin du résumé, Longnon fait l'observation suivante :

> La lecture de *Méliador* donne exactement l'impression de l'un de ces romans de chevalerie qui troublèrent la cervelle de Don Quichotte. De même que les livres composant la bibliothèque du bon hidalgo, il renferme le récit de prouesses de chevaliers errants, et cette expression même de «chevaliers errants» y est couramment employée pour désigner Méliador et ses émules. On ne voit, d'un bout à l'autre de l'ouvrage, que des chevaliers rêvant à la conquête d'une princesse qui les appellera à partager son trône. Toujours prêts à défendre l'innocence opprimée en la personne d'une jeune et belle héritière, ils se montrent après la victoire d'un absolu désintéressement et n'imposent jamais au vaincu qu'un seul engagement : celui de ne plus combattre avant d'avoir fait, à la cour du roi Artus, le récit publique de sa défaite [...] (p. xlii).

Il n'y a pas de doute que l'éminent philologue se trompe ici, et que ce sont les circonstances de la découverte et de la publication de ce roman qui sont responsables, du moins en partie, de la réception critique de *Meliador*. Examinons brièvement ces circonstances.

L'existence de cette œuvre était connue depuis sa composition. Froissart la mentionne lui-même au moins trois fois. Dans son *Paradis d'Amour*, il dresse la liste des grands amants romanesques qui habitent ce paradis des amoureux. Dans la liste d'amants anciens et arthuriens, nous trouvons :

> Et chils a che biel Solel d'Or,
> On l'appelle Melyador,
> Tangis et Camel de Camois
> Sont la ensus dedens ce bois[10].

Ses *Chroniques* et le *Dit dou Florin* offrent plus de détails. Dans ce dernier, Froissart raconte qu'en 1388, lors de sa visite

10.   Jean Froissart, *Le Paradis d'Amour, L'Orloge amoureus*, éd. Peter F. Dembowski, Genève, Droz, 1986, v. 985-88. Le fait que ces vers représentent sans doute une interpolation (*Le Paradis* a été composé quelque vingt ans avant *Meliador*) n'est pas notre propos ici.

chez Gaston Phébus, comte de Foix dans son château d'Orthez,
où :

> [...] toutes les nuis je lisoie
> Devant lui et le solaçoie
> D'un livre de Melyador,
> Le chevalier au soleil d'or,
> Le quel il ooit volentiers
> Et me dit « C'est uns beaus mestiers,
> « Beaus maistres, de faire tels choses. » (v. 294-99[11])

Mais le texte de ce roman, évidemment fort apprécié des chevaliers tels que Gaston Phébus, est longtemps resté inconnu des érudits. En 1891, Longnon, examinant un registre légal de Cloux, près de Semur-en-Auxois, y découvre quelque 516 octosyllabes. Il reconnaît les noms propres mentionnés dans le fragment, et publie le résultat de sa trouvaille sous le titre : « Un Fragment retrouvé de *Meliador* de Froissart[12] ». Deux ans plus tard, en novembre 1893, il tombe sur le manuscrit Bibl. nat., fonds fr. 12557, catalogué comme *Le Roman de Camel et d'Hermondine* et portant sur la reliure du commencement du XIXe siècle : *Roman du roy Artus*[13]. Il l'identifie immédiatement comme le *Meliador*, perdu, pour ainsi dire, au milieu des collections de la Bibliothèque nationale. Il manque deux feuillets au manuscrit, mais plus sérieuse est la lacune finale, car le texte s'achève brusquement au moment où Froissart va mentionner Venceslas de Luxembourg[14] :

> Ains que j'en die avant
> Nommer nom et surnom devant
> Dou gentil signour, qui ce livre
> Me fist faire et qui me delivre. (v. 30768-71)

Longnon se met au travail et au cours des six années suivantes il publie *Meliador*, en trois volumes. Son édition est

    11. *« Dits »* et *« Débats »* avec en appendice quelques poèmes de Guillaume de Machaut. Éd. Anthime Fourrier, Genève, Droz, 1979, p. 183. Dans ses *Chroniques*, XII, éd. Albert Mirot, Société de l'Histoire de France, Paris, Champion, 1931, p. 75-76, Froissart offre même plus de détails sur sa visite chez Gaston Phébus à qui il a lu son *Meliador*.
    12. *Romania*, vol. XX, 1891, p. 403-16.
    13. Ce second titre a été inspiré par le premier vers du roman.
    14. Froissart parle avec reconnaissance de l'incorporation des poèmes de son patron dans le *Dit dou Florin* et dans les *Chroniques*. Venceslas n'était pas grand poète. Pour la façon dont ses poèmes ont été insérés dans *Meliador*, voir l'excellente étude de Douglas Kelly qu'on trouve en appendice de son *Medieval Imagination : Rhetorics and the Poetry of Courtly Love*, Madison, University of Wisconsin Press, 1978, surtout p. 243-55.

méticuleuse, mais sa méthode et ce qui en découle, à savoir
son appréciation du roman, nous laisse croire que le décou-
vreur de *Meliador* n'était pas nécessairement l'éditeur idéal
pour ce roman. D'abord la méthode : suivant les exigences de
la Société des Anciens Textes Français, Longnon fait précéder
le texte d'une analyse ligne par ligne du contenu. Un tel
résumé est certainement précieux pour le lecteur moderne
d'un roman compliqué, à condition qu'il soit de dimensions
modestes. Il le prépare à suivre les vacillations de la trame et à
se concentrer sur les détails de la narration. Mais un résumé
ligne par ligne d'un roman de plus de 30 000 vers ignorant les
problèmes de structure et de division devait s'avérer désas-
treux. Le résumé de Longnon comprend 34 pages imprimées
en petits caractères. Nous sommes convaincu que sa longueur
même a non seulement découragé le lecteur moyen de plon-
ger dans sa lecture, mais, ce qui est plus important, l'a peut-
être empêché d'en reconnaître la cohérence, l'*ordenance*,
comme aurait dit Froissart. Le résumé ligne par ligne a pour
résultat d'occulter l'organisation du roman[15], déjà masquée
par la technique de l'entrelacement.

Longnon reproduit très fidèlement le manuscrit du
fonds fr. 12557, y compris les alinéas indiqués par les lettrines
du manuscrit. Or ces divisions exécutées par le copiste plutôt
que de révéler les véritables divisions de la matière, les ca-
chent souvent. Un exemple suffira. La fin du prologue (v. 43)
n'a pas été signalée par une lettrine au v. 44. Omis du résumé,
ce prologue est passé inaperçu des critiques jusqu'à A[rmel]
H[ugh] Diverres[16], le premier critique, à notre sens, à avoir
saisi le « réel » de *Meliador*. Or ce prologue est très important
pour le réel romanesque[17]. Froissart y définit clairement
l'époque où il situe son roman :

En ce temps que li rois Artus
Qui tant fu plains de grans vertus,
De sens, d'onneur et de larghesse,
Regnoit au point de sa jonece,
Et qu'il commençoit a tenir

15. Albert Henri a démontré qu'un long résumé d'un long roman
(*Cleomadés* comporte 18 698 vers) peut très bien mettre en relief l'organisation et la cohérence dudit roman. Voir *Les Œuvres d'Adenet le Roi*, vol. V,
2ᵉ partie, Bruxelles, Éditions de l'Université de Bruxelles, 1971, p. 583-603.
16. « The Geography of Froissart's *Meliador* », *Medieval Miscellany Presented to Eugène Vinaver by Pupils, Colleagues and Friends*, Manchester, University of Manchester Press et New York, Barnes & Noble, 1965, p. 97-112, voir
surtout p. 97.
17. Assez important pour être réitéré par Froissart aux v. 11 684-95.

Grans feste et a retenir
Chevaliers pour remplir ses sales [...] (v. 1-7).

À cette époque, dit le poète, il y avait moins de terres
cultivées et la vie était plus rude qu'au temps de Froissart, «Ce
savons nous par les hystores / Qui trettent dou temps de
jadis» (v. 26-27). C'était l'époque :

> Environ ou .ix. ans ou .x.,
> Avant que li preus Lancelos,
> Melyadus, ne li rois Los,
> Guiron, Tristrans, ne Galehaus,
> Gauwains, Yewains, ne Perchvaus,
> Ne chil de la Table Reonde
> Fuissent cogneü en se monde [...] (v. 28-34).

Ce jeune monde arthurien était innocent, sans nuages
menaçants à l'horizon, car «Ne [...] de Merlin on euist/Co-
gnissance, ne c'on seuist/Nulle riens de ses prophesies» v.
35-36. Froissart conçoit ainsi *Meliador* comme une narration
des *enfances* de la Table ronde, pendant lesquelles «Plusieurs
belles chevalleries/Avinrent en la Grant Bretaigne» (v. 38-39).

Pour peindre ces *belles chevalleries*, il introduit dans *Meliador* une foule de jeunes chevaliers «originaux», c'est-à-dire
inventés par lui, qui côtoient ici et là les «vrais» chevaliers
arthuriens. Ces derniers ne jouent aucun rôle actif dans le
roman[18], mais ils sont importants pour d'autres raisons : ils
sont le gage de l'authenticité arthurienne de son récit, un peu
comme la figure quelque peu hollywoodienne de Lancelot
garantit l'«authenticité» des Médiévales de Québec en 1995.

En bref, c'est moins Longnon éditeur que Longnon critique qui s'est mépris. Il l'a fait explicitement en inculpant le
roman de Froissart de «don-quichottisme» et implicitement
en omettant de mettre en relief sa cohérence. Mais il faut,
bien sûr, comprendre Longnon et, ce qui est plus important,
comprendre les courants philologiques de l'époque. La
formation professionnelle de Longnon l'avait mal préparé
pour une appréciation purement littéraire de *Meliador*. Excellent archiviste, historien de la littérature et surtout éditeur de
textes anciens, ses principales recherches consistaient à
déterminer la présence des *realia* historiques : ainsi il avait
recherché les vrais personnages historiques derrière les héros
de *Huon de Bordeaux*[19], de même que dans *Les Quatre fils*

---

18. Seuls les «vrais» chevaliers arthuriens Agravain (frère de Gauvain,
donc neveu d'Arthur) et Segremor jouent un rôle définitif dans *Meliador*.
19. *Romania*, vol. VIII, 1879, p. 1ss.

Aymon[20]. Son édition de *Raoul de Cambrai*[21] est accompagnée d'une étude concernant la réalité historique de certains personnages et événements. (Plus tard, il reviendra sur ce sujet dans deux études de *realia* historiques[22] ; il y combattra la thèse de Joseph Bédier sur l'origine plus littéraire de la chanson, inventée, selon lui, par les clercs de Saint-Géry de Cambrai.) Le chef-d'œuvre de Longnon est sans aucun doute son édition critique de François Villon[23], publiée juste avant sa découverte du manuscrit de *Meliador*. Cette édition suit deux de ses études : l'une portant sur l'historicité de certains légataires du *Testament*[24] et l'autre sur la biographie de Villon[25].

Le saut du réalisme âpre de Villon, de sa poésie dite personnelle si goûtée par le public du temps, au monde de l'idéal chevaleresque a dû être très difficile pour le sérieux archiviste. Il est donc naturel qu'il soit vite arrivé à considérer l'énorme et complexe matière de *Meliador* sinon comme folle, du moins comme menant à la folie. De plus, il aurait sans doute pardonné à Froissart, si son *Meliador* à la façon de *Huon de Bordeaux*, des *Quatre fils Aymon*, de *Raoul de Cambrai*, ou de Villon, avait présenté de «vrais» personnages ou de «vrais» événements historiques qu'un bon érudit aurait pu identifier. Or, à l'exception de son mécène, Venceslas de Luxembourg dont Froissart insère 79 poèmes lyriques (voir note 14), aucun autre *realium* de la sorte n'existe dans *Meliador*. Aucun personnage historique ne se laisse identifier derrière les chevaliers du roman[26]. Pas une bataille romanesque qui puisse être rapprochée de vraies batailles historiques. De ce point de vue, *Meliador* est une fiction, et ce, au double sens du mot : tout y est inventé par Froissart, et cette action inventée consiste essentiellement en des jeux, tournois, joutes et réjouissances publiques.

20. *Revue des Questions Historiques*, vol. XXV, 1879, p. 173-96.
21. Société des Anciens Textes Français, Paris, Firmin-Didot, 1882.
22. *Romania*, vol. XXXVII, 1908, p. 193-208 et 491-96 ; vol. XXXVIII, 1909, p. 219-53.
23. *Œuvres complètes de François Villon, publiées d'après les manuscrits et les plus anciennes éditions*, Paris, Lemerre, 1882. En 1911, Longnon publie de nouveau son édition dans la collection «Classiques Français du Moyen Âge», 2ᵉ édition, 1914, revue par Lucien Foulet et réimprimée plusieurs fois.
24. *Romania*, vol. II, 1873, p. 203-36.
25. *Étude biographique sur François Villon, d'après les documents nouveaux inédits conservés aux Archives nationales de Paris*, Paris, Menu, 1877.
26. À l'exception, peut-être, du mauvais Camel qui souffre de somnambulisme, considéré comme un mal mystérieux et honteux. Or les *Chroniques* (vol. XII, p. 89-91) présentent le frère bâtard de Gaston Phébus de Foix, Pierre de Béarn, comme souffrant de somnambulisme. Voir à ce propos Michel Zink, «Froissart et la nuit du chasseur», *Poétique*, vol. XLI, 1980, p. 60-77.

Voici les grandes lignes du roman : la fille du roi d'Écosse, Hermondine, est poursuivie par Camel de Camois. La cousine et confidente de la princesse, Floree, pour obvier au danger d'une telle poursuite, propose une immense quête afin de déterminer qui est le meilleur chevalier du monde, celui qui serait digne de devenir l'époux de l'héritière du trône d'Écosse, la belle Hermondine. Tout dans cette quête est conçu par les femmes, mais ce sont le roi d'Écosse et le roi Arthur qui proclament cette compétition et nomment 12 arbitres (appelés *diseurs* ou *eliseurs*). Les chevaliers venant de toute l'Europe gagnée à la courtoisie — c'est-à-dire de l'Europe correspondant *grosso modo* à celle que présente Froissart dans ses *Chroniques* — participent à cette entreprise. La quête commence un 14 août et va durer exactement cinq ans. L'identité de chaque chevalier n'est connue que des lecteurs, entre eux, les participants maintiennent l'incognito.

Ce plan quinquennal de recherche de la perfection chevaleresque et courtoise représente essentiellement l'histoire de *Meliador*. Le roman tel qu'il nous est parvenu est divisé en quatre grandes sections qui correspondent à quatre grands tournois : le premier près du château écossais de la Garde (v. 6595-7012), le deuxième à Tarbonne, en Cornouailles (12 659-13 262), le troisième à Snowdon (Signaudon) en Écosse (v. 15 928-16 495), le quatrième à Roxburgh en Angleterre (v. 28 970-29 593). Meliador remporte trois tournois, au quatrième, en l'absence de Meliador, Agamanor est gagnant. Cette organisation si simple du roman est pourtant compliquée par celles de différents chevaliers entre les tournois, et particulièrement, par celles qu'ils rencontrent en dehors du monde courtois, c'est-à-dire en Irlande (qui représente la région sauvage). Le roi des Irois[27] défend par les armes l'entrée de la chevalerie, donc de la courtoisie, dans son royaume. Mais son fils, Segramor, désire devenir chevalier arthurien. *Stricto sensu*, il ne participe pas à la quête. Secrètement, il quitte son père anti-courtois, rencontre Meliador qui lui conseille de se présenter à la cour d'Arthur. C'est là qu'il est adoubé par Arthur lui-même et qu'il devient amoureux de Sebille, la jeune héritière de Montmille, en Northumberland. Ses aventures (v. 24 586-28 831) se placent en dehors de la quête, au-delà de la frontière du monde courtois. Elles pourraient à la rigueur être qualifiées de «don-quichottesques». Mais le sens de ce que nous avons appelé le *Roman de Segremor*[28] est difficile à apprécier, car Froissart, fidèle à la technique de

---

27. Froissart use sans doute de ce nom en jouant sur la signification littérale de «furieux».
28. Voir mon *Jean Froissart and his Meliador*, p. 83-87.

l'entrelacement, l'interrompt au v. 28 826 pour y revenir plus
tard. Le manuscrit du roman finit malheureusement au moment où Froissart semble prêt à présenter la conclusion des
aventures de Segremor et de Sebille, avant de conclure formellement son *Meliador*.
Je dis «formellement», car tout y est vraiment fini. Les
arbitres et les dames sont prêts à proclamer Meliador gagnant
de la quête. La proclamation par le roi, après consultation
avec Hermondine, déjà amoureuse de Meliador, est vite faite.
On assiste à une sorte de clôture de Jeux olympiques chevaleresques. La «médaille d'or» de Meliador est suivie d'un second prix octroyé à Agamanor. Ensuite des «médailles de
bronze» sont accordées à Tangis, à Gratiien et à Dogariset. La
distribution des prix reflète de nouveau le caractère européen, froissardien du roman : Meliador est un prince cornouaillais, Agamanor est normand, Tangis norrois, Gratiien
italien et Dogariset (probablement[29]) gallois. Contrairement à
ce qui a lieu dans les jeux sportifs, les vrais prix suivent, toujours selon une stricte hiérarchie : Meliador épouse Hermondine, et ce faisant, devient héritier du trône d'Écosse. Le
jeune couple arrange immédiatement le mariage d'Agamanor
avec Phenonee, princesse de Cornouailles (et sœur de Meliador). Viennent ensuite «Trois mariages grans et haus / Des
.iij. chevalier de la queste» (v. 30 435-36) : Tangis, Gratiien et
Dogariset épousent trois héritières de petits États arthuriens
(hiérarchie de nouveau!). Pour boucler le cycle narratif, il
faut récompenser Floree, ce *spiritus movens* de la quête et du
roman. C'est elle qui épouse Agravain, le véritable arthurien
et le vrai participant du concours quinquennal, dont les aventures ne sont pourtant pas narrées. Ce dernier mariage représente donc une alliance de l'ancien et du nouveau, une fusion
de l'invention froissardienne et de la matière arthurienne.

Cependant, Froissart sentait probablement qu'il fallait
rattacher son «roman de Sagremor» au reste de *Meliador* ou,
mieux, marier sa matière à celle de la Bretagne. Il n'est pas
difficile de deviner quel aurait été le contenu de la partie
finale du roman. Le cinquième et le plus somptueux des tournois (que Froissart a dûment annoncé aux v. 30 694-30 725)
prend place à Camelot. Il est gagné par le nouvel arthurien,
Sagremor. En épousant la belle Sebille et en devenant le roi
légitime d'Irlande (son père est mort, et un usurpateur égale-

---

29. Selon Longnon, qui mentionne dans l'index des noms propres
(vol. III, p. 334-35) que Dogariset est le nom d'un vrai chevalier gallois. Mais
aucun Dogariset n'est mentionné dans les *Chroniques*. Contrairement aux
vrais toponymes qu'on retrouve partout dans *Meliador*, Froissart évite l'emploi de vrais anthroponymes dans *Meliador*.

ment anti-courtois avait été couronné au v. 26 550), il rattache
cette région sauvage à la zone de la chevalerie et de la courtoisie, c'est-à-dire à la sphère d'influence d'Arthur.

Il est possible que la fin abrupte — la lacune finale du
manuscrit — ait augmenté chez Longnon-critique le sentiment d'incohérence. Plutôt qu'incohérence, il faudrait dire
longueur. Froissart romancier et chroniqueur[30] offre ainsi des
descriptions passionnées, détaillées et fort volumineuses des
tournois et des duels, comme un commentateur sportif décrit
de nos jours le Tour de France, ou les interminables joutes du
Mundial. L'atmosphère du roman est, en effet, surtout spor-
tive. Il y a peu de rêvasseries et de «don-quichottisme». Les
chevaliers errants, qui inquiètent Longnon, voyagent en effet
en quête d'aventure. Rien dans le terme d'«errant» ou dans
celui de «quête» ne dénote l'abandon du réel. S'ils se montrent désintéressés dans la victoire, s'ils sont toujours prêts à
défendre l'innocence opprimée, c'est que de telles attitudes
représentent depuis toujours l'essence même de la matière
romanesque que Froissart perpétue ou restaure. Ses jeunes et
frisques chevaliers (à l'exception de Sagremor) ne rêvent point
de princesses lointaines, ils travaillent fort bien pour gagner la
main de la princesse dont ils font vite la connaissance tout en
gardant un prétendu incognito. Comme dans les *Chroniques,*
Froissart souligne les valeurs de la chevalerie «amoureuse»
qui est toujours noble dans ses intentions sinon dans ses résul-
tats. Cette prise de position foncièrement optimiste est une
des caractéristiques les plus frappantes du romancier et du
chroniqueur. On peut la critiquer, mais elle est un *sine qua*
non de son art.

Finalement, parlons des *realia* historiques : on ne peut
rattacher le nom de Meliador, le chevalier au Soleil d'Or, à la
personne de Gaston Phébus, en dépit des connotations apol-
loniennes et solaires du nom de Phébus; on ne peut voir
derrière le nom d'Hermont d'Écosse la personne de David II
(Brus) ou de Robert II (Stuart); même si on le pouvait, de
telles «identifications» apporteraient peu au sens du roman.
Mais notre roman est plein de vrai et d'identifiable. La
géographie est très souvent réelle, celle d'Écosse[31] en particulier. La géopolitique l'est aussi. L'Écosse et le pays des *Irois,* ce

---

30. Celui de saint Inglevert s'étend sur près de 50 pages, voir les
Chroniques, vol. XIV, éd. Joseph Kervyn de Lettenhove, Bruxelles, Hayez,
1876, p. 105-51.
31. Celle-ci a été étudiée par A. H. Diverres dans l'article cité ci-dessus, n. 17 (voir aussi son « Jean Froissart's Journey to Scotland », *Forum for*
Modern Language Studies, vol. I, 1965, p. 54-63).

sont les régions qui à l'époque de Froissart résistaient au royaume d'Édouard III d'Angleterre[32]. Mais, ce qui est surtout «réel», c'est ce que de nos jours on appelle l'histoire des mentalités. Froissart présente une image, bien sûr idéalisée mais pourtant vraie, des aspirations de la classe noble, qui reculait de plus en plus devant les progrès de l'art militaire. Désormais, l'infanterie, la cavalerie légère et surtout les archers domineront de plus en plus les champs de bataille où jadis régnaient les prouesses individuelles de la cavalerie lourde. Le vrai monde des chevaliers de la fin du XIVe siècle est en effet de plus en plus tourné vers les jeux sportifs et les joutes. Quand le monde politique est toujours désordonné, souvent cynique et traître, il est normal de vouloir préserver, ou mieux, restaurer un monde où règnent l'amour et la prouesse. Non seulement Froissart, mais la majeure partie de la littérature de cette époque, témoignent de ce désir.

Si la puissance turque pèse lourdement sur le flanc sud-est de l'Europe fatalement désunie (la défaite définitive des Serbes aura lieu à Kosovo Polje en 1389), si l'on essaie sans succès d'organiser la croisade (le désastre de Nicopolis arrivera en 1396), on songe aussi, mais de façon «réaliste» plutôt que «don-quichottesque», à de courtes et réalisables expéditions dans un pays situé en dehors de sa sphère pour y gagner honneur et gloire[33] lesquelles déboucheront, peut-être, sur un véritable succès mondain. Des expéditions, pareilles à celle que Meliador a entreprise en Irlande, servent surtout à maintenir la foi dans la nature foncièrement noble et bienfaisante de la chevalerie. Donc, l'importance littéraire de *Meliador* est à chercher dans le fait que Froissart tâche d'y restaurer consciemment le vrai roman arthurien, le «vrai», jeune et innocent monde arthurien et, ce faisant, donne forme aux aspirations de toute une classe au moment d'une de ses grandes crises. *Meliador* est une «Consolation de la littérature». Il l'est plus explicitement que le chef-d'œuvre que sont les *Chroniques*.

32. Voir A. H. Diverres, «Froissart's *Meliador* and Edward III's Policy toward Scotland», *Mélanges offerts à Rita Lejeune* [...] vol. II, Gembloux, Duculot, 1969, p. 1399-1409 et «The Irish Adventure in Froissart's Meliador», *Mélanges* [...] *offerts à Jean Frappier*, vol. I, Genève, Droz, 1970, p. 235-51.
33. Dans notre *Jean Froissart and his Meliador* (p.133-49) et dans un article paru dans une revue polonaise : «Reflets chevaleresques du Nord-Est dans l'œuvre de Jean Froissart», *Annales de Lettres et de Sciences Humaines,* Lublin, vol. XXXIV, 1986, p. 137-43, nous avons avancé une hypothèse selon laquelle les incursions en Irlande des chevaliers de *Meliador* représentent des vraies sorties guerrières de jeunes nobles occidentaux servant les chevaliers teutoniques qui luttaient contre les païens lithuaniens. De nombreux héros des *Chroniques* ont effectué de tels «stages» guerriers.

Les lieux de l'aventure dans le roman français du Moyen Âge flamboyant

MICHEL STANESCO

Dans son dernier livre, si médiévalement intitulé *La mesure du monde*, Paul Zumthor notait une différence importante entre le roman moderne et le roman du Moyen Âge quant aux déterminations catégorielles d'espace et de temps : «Les expériences modernes nous pousseraient aujourd'hui à définir le genre romanesque par référence à son rapport au temps. Dans le roman médiéval prime le rapport à l'espace. Confiné dans un nombre restreint de schèmes narratifs, mais disséminé parmi la multitude de ses personnages, le discours romanesque, aux XIIIe, XIVe et XVe siècles, capture le temps dans cet espace, utilise le premier afin de conférer au second un surplus de sens[1].»

La primauté de l'espace pour la conscience romanesque du Moyen Âge est due à la figuration de l'action comme aventure : ce qui *ad-vient* — c'est-à-dire l'irruption de l'inconnu, de l'inouï, de l'*estrange* — a comme corollaire le départ, la quête, les épreuves qualifiantes, la passion de l'exploit héroï-

---

1. Paul Zumthor, *La Mesure du monde*, Paris, Seuil, 1993, p. 385-386.

que et de la vérification de soi. Tout cela implique le chemine-
ment d'un lieu à un autre, moins dans le sens d'un parcours
objectif d'une distance entre les choses que du franchisse-
ment par le héros de ses propres limites. C'est par des opposi-
tions de nature spatiale que se traduit la tension entre les
niveaux d'être : *ici* contre *là-bas*, *haut* contre *bas*, *droit* contre
gauche, etc. Indifférent à des repères positifs, le chevalier
errant de la Table Ronde se meut dans un espace chargé de
connotations symboliques, morales, religieuses.

En fait, il existe au Moyen Âge autant de lieux littéraires
que de variétés de discours. Si nous nous en tenons à la classi-
fication des discours narratifs faite par Jean Bodel dans la
Chanson des Saxons, vers 1200, on s'aperçoit que la topographie littéraire a une forte valeur générique. Les références à
la géographie de la France sont garantes de la vérité de la
chanson de geste. La « matière de Rome » est concentrée autour des lieux les plus prestigieux de l'Antiquité : Rome,
Thèbes, Troie ; cependant, la fidélité au modèle est parfois
limitée par l'adjonction d'épisodes dont la localisation renvoie à un passé beaucoup plus récent : ainsi du siège de la
forteresse de Monflor — toponyme aussi sonore que vide de
signifiant, comme celui de Blanchelande, par exemple —, qui
rappelle au public du *Roman de Thèbes* des expériences de la
croisade. Quant à la « matière de Bretagne », « agréable, mais
vaine », selon Jean Bodel, elle situe l'errance de ses personnages dans une Bretagne fictive, partagée en deux entités
distinctes, mais sans frontière précise : d'un côté, le royaume
de Logres, dont le centre est la cour du roi Arthur, de l'autre,
des pays habités par des chevaliers cruels, des jeunes filles
« desconseillées », des nains méchants, des demoiselles ex-
pertes en magie, des créatures monstrueuses. L'opposition est
très nette entre l'univers ordonné, harmonieux et courtois du
roi Arthur et les « mauvaises coutumes » d'ailleurs[2]. Les noms
géographiques contribuent ainsi à une répartition des genres,
« la géographie crée une attente[3] ».

Qu'elle soit « française », antique ou bretonne, la topographie littéraire est indissociable d'une philosophie de l'histoire. Si la chanson de geste ne manifeste apparemment
aucune préoccupation pour le contexte géopolitique du
XIIe siècle, ce n'est que pour mieux accorder à l'Occident le

2. Rosalie Vermette, « *Terrae incantatae* : the Symbolic Geography of
Twelfth-Century Arthurian Romance », dans *Geography and Literature*, éd.
William E. Mallory et Paul Simpson-Housley, Syracuse University Press, 1987,
p. 145-160.
3. Marie-Luce Chênerie, *Le Chevalier errant dans les romans arthuriens en vers des XIIe et XIIIe siècles*, Genève, Droz, 1986, p. 209.

rôle principal dans la défense de la chrétienté : la structure dramatique du monde n'a de place que pour deux camps antagonistes, les chevaliers de Charlemagne et les sarrasins. La cour de Constantinople n'est, au mieux, qu'une étape au retour d'un pèlerinage à Jérusalem, le lieu des «gabs», non des exploits guerriers et des morts héroïques. De leur côté, les «romans antiques» créent une continuité historique, de Thèbes à Troie, de Troie au Latium, bientôt relayée par l'historiographie des Plantagenêts, car les descendants d'Énée sont les fondateurs des peuples d'Occident. Cette *translatio imperii* est rendue explicite pour la première fois en une langue vulgaire par un romancier : de Grèce, puis de Rome, le pouvoir (la *chevalerie*) et le savoir (la *clergie*) sont venus en France[4].

Les lieux de l'action ne se proposent donc pas tant d'introduire une distinction entre réel et imaginaire que de constituer des réseaux de signes chargés de valeur évocatrice. Pour le Moyen Âge, la géographie n'est pas une discipline indépendante, mais un chapitre de la géométrie ou de l'astronomie. Traditionnellement, la figure allégorique de la géométrie porte dans une main un compas, dans l'autre une sphère, symbole du globe terrestre. Le savoir géographique est un ensemble constitué de traditions diverses, antiques, bibliques, patristiques, qui n'avait connu aucune modification majeure depuis sa formation, à la fin de l'Antiquité tardive. Il remplit les espaces inconnus — l'Orient, l'Afrique, la mer Océane — d'une infinie variété de peuples fabuleux, de monstres et de merveilles. Le XIIe siècle se passionne, à travers le *Roman d'Alexandre*, pour l'expédition du roi de Macédoine dans les contrées fantastiques de l'Orient. Par contre, pour les chevaliers de la Table Ronde, nul besoin de se rendre aux confins de la Terre : indéfiniment, ils parcourent la forêt *épaisse* qui entoure le château de leur seigneur ou la demeure familiale. Il leur suffit d'un *pas*, d'une rivière, du miroir trompeur d'un lac magique pour pénétrer dans l'Autre Monde.

Cependant, dans la mesure où le roman promène de préférence son héros dans un espace parsemé de châteaux, de vals, de royaumes fictifs, mais géographiquement restreints, il est intéressant de voir ce que devient la narration romanesque à l'époque des «grands voyages[5]» qui ont préparé le passage

---

4. Chrétien de Troyes, *Cligès*, éd. par Charles Méla et Olivier Collet, Paris, Le Livre de Poche, 1994, v. 30-44.

5. Sur le roman aux XIVe-XVe siècles, voir Michel Zink, « Le roman », dans *Grundriss der romanischen Literaturen des Mittelalters*, VIII/1, *La Littérature française aux XIVe et XVe siècles*, sous la direction de Daniel Poirion, Heidelberg, Carl Winter, 1988, p. 197-218.

du monde médiéval à la modernité. L'histoire de ce changement commence par une double contradiction. C'est à partir
du milieu du XIIIᵉ siècle que des missionnaires se lancent en
vagues successives sur les routes de l'Asie centrale, de l'Ex-
trême-Orient même : Jean du Plan Carpin (1245), Guillaume
de Rubrouck (1253), Jean de Montecorvino (1289), Odoric
de Pordenone (1314), Jourdain de Séverac (1320) et bien
d'autres. L'aventure orientale de Marco Polo, fils d'un mar-
chand vénitien, s'étend sur presque un quart de siècle (1271-
1295). Après la fermeture des routes d'Orient, en 1368,
l'intérêt des Européens se porte vers l'Ouest, à la recherche
des Îles Fortunées ou d'une nouvelle route vers les Indes. Un
riche corpus de relations de voyages alimente la curiosité du
public. Il serait pourtant erroné de croire que ces voyageurs
téméraires ont une appréhension directe et objective de la
réalité. Souvent, ils ne fournissent que la démonstration de la
vérité des anciens livres sur les *mirabilia* du monde. La distinction moderne réel-irréel a peu de sens pour eux : les merveilles suscitent l'étonnement, mais très rarement le doute
quant à leur existence. Marco Polo modèle ses découvertes
d'après des textes légendaires comme le *Roman d'Alexandre* et
la *Lettre du Prêtre Jean*[6] ; en outre, sa voix n'arrive au public qu'à
travers l'écriture de Rustichello de Pise, auteur de romans
arthuriens. Le voyage même de Colomb est en grande partie
une entreprise eschatologique[7].

D'un autre côté, alors que l'Occident prend de plus en
plus contact avec des civilisations étrangères, l'*homo viator*
qu'est le chevalier errant ne semble guère concerné par cette
entreprise, du moins dans le roman français. Ni les expéditions vers l'Orient ni l'expansion géographique de l'Europe
vers le sud et vers l'ouest ne modifient le cadre de son action.
Contrairement à ce qu'on a pu croire, la Terre n'a pas changé
brusquement d'aspect. Des notations comme Babylone, la
Perse et l'Inde continuent d'évoquer des lieux exotiques bien
éloignés, non pas des endroits réels. Le processus de désen-
chantement de la Terre, comme celui de la sécularisation du
cosmos, fut un processus de longue durée.

La littérature arthurienne tardive est exemplaire à cet
égard. L'auteur du roman de *Perceforest*[8] (rédigé entre 1314?-

    6. Cesare Segre, « Introduzione » à Marco Polo, *Millione. Le divisa-
ment dou monde*, éd. Gabriella Ronchi, Milan, Mondadori, 1982, p. XIV.
    7. Claude Kappler, *Monstres, démons et merveilles à la fin du Moyen
Âge*, Paris, Payot, 1980, p. 110-111.
    8. *Le Roman de Perceforest*, première partie, éd. Jane H. M. Taylor,
Genève, Droz, 1979 ; troisième partie, éd. G. Roussineau, t. I, 1988, t. II,
1992 ; quatrième partie, t. I-II, 1987.

1340?) ne nous fournit aucune indication précise sur l'Angleterre, le principal théâtre d'action de ses chevaliers. Elle y est réduite à sa plus simple expression — une vaste forêt «aventureuse». À peine témoigne-t-il de quelques connaissances de la Zélande et de la Flandre, ce qui laisse supposer qu'il était originaire des Pays-Bas. Le roman s'ouvre par une description géographique des Îles Britanniques empruntée à Orose, alors qu'elles étaient relativement bien connues des contemporains du romancier; la *Topographia Hibernica* de Giraud de Barri lui procure aussi une description de l'Irlande. Leur fonction n'est autre que de garantir l'authenticité de l'*ystoire*.

L'ambition de l'auteur est d'écrire l'histoire de la Bretagne pré-arthurienne dont la fondation se rattacherait à un épisode de la vie d'Alexandre le Grand. Alors que le fameux roi est en route vers les Indes, son navire est poussé par une tempête sur la côte d'Angleterre, un pays en proie à l'anarchie. Il n'y restera que le temps de confier les couronnes d'Angleterre et d'Écosse à deux de ses compagnons, Betis (qui prendra le surnom arthurien de Perceforest) et Godifer, d'inventer le jeu du tournoi pour revigorer la chevalerie et de devenir, après avoir été le prisonnier de la Dame du Lac, l'aïeul du roi Arthur. Dans cette tentative de réécriture de la pré-histoire arthurienne,

> un problème géographique spécifique se pose : la Grande Bretagne est l'Angleterre; cette mutation objective rend difficile le maintien d'une géographie mythique, dans laquelle on ne saurait bien sûr retrouver les données réelles. En substance, on peut dire que la Bretagne d'Arthur est coincée entre une conception cosmographique héritée de l'Antiquité [...] et une conception mythique, telle qu'elle est fournie par l'*Historia Regum Britanniae* de Geoffrey de Monmouth [...]. En aval de ces deux visions de l'espace incompatibles entre elles, se situe la réalité, telle qu'elle affleure dans le prologue auctorial : rivières et abbayes contemporaines, parfaitement identifiables, qui constituent les étapes d'un itinéraire touristique et non plus aventureux[9].

Cependant, l'action du roman s'étend sur près de deux cents ans, jusqu'à l'arrivée du Graal en Angleterre et la conversion du pays à la religion chrétienne. Au cours de cette période, la chevalerie déploie sans relâche une activité civilisatrice et pacificatrice sur l'Angleterre, habitée par des géants, des enchanteurs maléfiques, des seigneurs tyranniques et une population misérable. Dès que les créatures mauvaises sont

9. Anne Berthelot, «La Grande Bretagne comme terre étrange/ère : le tourisme d'Alexandre dans le *Roman de Perceforest*», dans *Diesseits- und Jenseitsreisen im Mittelalter*, éd. Wolf-Dieter Lange, Bonn, Bouvier, 1992, p. 12.

éliminées, l'espace est organisé en «régions» (royaumes gouvernés par un roi), et les anciennes terres sauvages changent de nom : la «Roide Montagne» devient l'Irlande, la «Selve Carboniere» le Brabant et le Hainaut, la «Forest aux Merveilles» le Northumberland. Une fois les «régions» christianisées, elles deviennent des «provinces» et changent à nouveau de nom pour rappeler leur saint patron ; elles seront les lieux où s'accompliront les mystères du Graal. Le lien est ainsi fait avec l'*Estoire del Saint Graal* : «La géographie réelle a donc disparu devant la géographie poétique arthurienne[10].»

Un autre «prolongement rétroactif» du *Lancelot-Graal* est le *Meliador*[11] de Jean Froissart, immense roman inachevé de plus de 30 000 vers (écrit entre 1365 et 1383). L'action touffue de ce roman, construit sur le motif de la princesse qui n'épousera que le plus vaillant des chevaliers, se situe en Angleterre, en Écosse et en Irlande, au temps de la jeunesse du roi Arthur. Comme on sait que Froissart a séjourné en Écosse au début de la rédaction du roman, il n'est pas sans intérêt de voir dans quelle mesure il s'écarte du paysage arthurien conventionnel pour faire part de sa propre expérience. Or, il faut convenir que la récolte des données réelles s'avère décevante. Froissart situe la limite de l'Angleterre et de l'Écosse telle qu'elle existe dans les années 1360, place correctement l'île de Man entre l'Irlande et l'Écosse et révèle une connaissance à vrai dire assez approximative de la côte ouest de l'Angleterre et de l'Écosse[12]. Un reflet de l'opinion de la cour d'Angleterre est sensible dans la présentation de l'Irlande : c'est un pays sans châteaux, dont l'aristocratie ignore les règles de la chevalerie et de la courtoisie[13]. Comme l'auteur du *Perceforest*, Froissart n'hésite pas à identifier ses toponymes fictifs à des noms réels : Signandon est l'actuelle Stirling, Blanche Lande est Melrose, Monchus est Roxburgh ; cette dernière localité, où se tiendra sous les auspices d'Arthur le tournoi final gratifiant, est sans doute une allusion au lieu du

10. Christine Ferlampin-Acher, «La géographie et les progrès de la civilisation dans *Perceforest*», dans *Provinces, régions, terroirs au Moyen Âge. De la réalité à l'imaginaire. Actes du Colloque International des* Rencontres Européennes de Strasbourg, 1991, éd. Bernard Guidot, Presses Universitaires de Nancy, 1993, p. 286.

11. Jean Froissart, *Méliador*, éd. A. Longnon, Paris, SATF, t. I-III, 1895-1899.

12. A. H. Diverres, «The Geography of Britain in Froissart's *Meliador*», in *Medieval Miscellany presented to Eugène Vinaver*, Manchester University Press, 1965, p. 97-112 ; *Idem*, «Froissart's *Meliador* and Edward III's policy towards Scotland», dans *Mélanges Rita Lejeune*, Gembloux, 1969, p. 1399-1409.

13. *Idem*, «The Irish Adventures in Froissart's *Meliador*», dans *Mélanges Jean Frappier*, Genève, Droz, 1970, p. 235-251.

couronnement d'Edouard III comme roi d'Écosse, en 1356. Ce système d'identification des lieux fictifs à des endroits réels sera repris par Thomas Malory. Là s'arrêtent les références au décor contemporain de l'auteur. L'indifférence de Froissart à l'égard de la géographie réelle est manifeste : l'Irlande est séparée du pays de Galles par une simple rivière, les Îles Britanniques sont partagées en quatre royaumes indépendants. Les lieux de l'aventure sont aussi fictifs que ses héros et leur héraldique :

> Loin de parcourir un espace réel, ces protagonistes parcourent un espace symbolique dont la géographie incolore et neutre sert de champ d'activité aux exploits toujours semblables [...] Le monde est réduit aux dimensions d'une gigantesque lice où se déploie le jeu narcissique et récurrent de la joute, jeu de compétition qui, comme tout jeu, a besoin de règles factices et ne peut fonctionner qu'à la condition d'être distinct de la réalité[14].

Un auteur anonyme s'est chargé, à la fin du XIVe siècle, de raconter dans *Ysaÿe le Triste*[15] les aventures du fils de Tristan et d'Yseult. Son héros part en croisade dans un royaume mythique envahi par les Castillans et les Aragonais, présentés comme des sarrasins. On a supposé qu'il s'agissait là d'une mise à contribution de l'histoire contemporaine : à cette époque, en effet, les Castillans et les Aragonais représentent le parti des hérétiques dans l'Église d'Urbain VI. La croisade d'Ysaÿe serait une réplique romanesque de l'expédition du duc de Lancastre contre «l'usurpateur» Jean Ier de Castille[16]. Cependant, il est plus probable que ce contexte faussement historique sert à situer l'action dans un passé indéterminé. La même invraisemblance ostentatoire se retrouve dans le roman de *Jehan d'Avennes*[17] : le héros, censé avoir vécu au XIIIe siècle, mais présenté dans le décor bourguignon du milieu du XVe, se bat en Espagne contre une coalition sarrasine fantaisiste, dont font partie, entre autres, les rois musulmans de Tolède et de Lisbonne.

Un roman généalogique est par définition lié à un lignage, c'est-à-dire à un territoire. Les chevaliers des romans

14. Friedrich Wolfzettel, «La "modernité" du *Méliador* de Froissart : plaidoyer pour une revalorisation historique du dernier roman arthurien en vers», dans *Arturus Rex. Acta Conventus Lovaniensis 1987*, Leuven University Press, 1991, p. 381.
15. *Ysaÿe le Triste, roman arthurien du Moyen Âge tardif*, éd. A. Giacchetti, Publications de l'Université de Rouen, 1989.
16. A. Giacchetti, «Ysaÿe le Triste et l'Écosse», *Bulletin Bibliographique de la Société Internationale Arthurienne*, 15, 1963, p. 109-119.
17. *Jehan d'Avennes*, éd. Anna Maria Finoli, Milan, Cisalpino-Goliardica, 1979.

de *Mélusine* — celui en prose, rédigé par Jean d'Arras en 1393 pour le duc de Berry[18] et celui en vers de Coudrette[19] pour le seigneur de Parthenay — sillonnent le monde, bien que le personnage éponyme ne soit rattaché qu'à l'aire relativement réduite du Poitou. Une fée originaire de l'île d'Avalon a épousé le roi d'Écosse ; coupable d'avoir violé l'interdit sur lequel se fondait leur union, le roi sera enfermé par ses filles au cœur d'une montagne dans le Northumberland. Elles seront punies par leur mère : l'une sera condamnée à garder un épervier merveilleux dans un château d'Arménie, une autre sera enfermée dans le mont Canigou, en Aragon, la troisième, Mélusine, se transformera tous les samedis en serpente de la taille aux pieds. C'est elle qui épousera un mortel, s'établira dans le Poitou et sera la souche d'une glorieuse descendance. Durant son séjour parmi les mortels, Mélusine entreprend une riche œuvre de bâtisseuse : bourgs, châteaux, abbayes. Ses fils suivront une prestigieuse carrière chevaleresque : ils deviendront respectivement rois de Chypre, d'Arménie, de Bohême, duc de Luxembourg, comte de la Marche, seigneur de Lusignan, comte de Forez, sire de Parthenay. D'illustres personnages de la grande noblesse européenne s'intéressent de près à la rédaction du roman de Jean d'Arras, comme pour rappeler qu'ils constituaient un grand lignage solidaire devant les malheurs qui frappaient un des leurs, Léon de Lusignan, dont le pays, la Petite Arménie, venait d'être rayé de la carte par l'émir d'Alep. Mélusine devient dès lors une des figures maternelles de l'Europe, car l'Arménie, aussi bien la Majeure que la Mineure, en faisait partie selon les traités de géographie du Moyen Âge[20]. La passion subite pour Mélusine, entre 1393 et 1403, alors que la légende rattachée aux Lusignan était connue depuis un siècle, ne peut s'expliquer que dans le contexte historique de la formidable pression turque. Ces romans connaîtront une deuxième vogue après la chute de Constantinople, au moment où Charlotte de Lusignan mendiait du secours à Rome contre les avancées turques et où le duc de Bourgogne nourrissait ses rêves de croisade.

Un autre roman pose en 1456 la question d'une croisade contre l'expansion ottomane en Europe : certes, *Jehan de Saintré*[21]

18. Jean d'Arras, *Mélusine*, éd. L. Stouff, Dijon, 1932, rééd. Genève, Slatkine, 1974.
19. Coudrette, *Le Roman de Mélusine ou Histoire de Lusignan*, éd. E. Roach, Klincksieck, 1982.
20. À commencer par le *De mensura orbis terrae* de l'Irlandais Dicuil, au XIe siècle, *cf.* Patrick Gautier Dalché, « Tradition et renouvellement dans la représentation de l'espace géographique au XIe siècle », *Studi medievali*, n° 24, 1983, p. 145-146.
21. Antoine de La Sale, *Jehan de Saintré*, éd. Jean Misrahi et Charles A. Knudson, Genève, Droz, 1978.

qu'Antoine de La Sale dédie à Jean de Calabre, fils aîné du roi René d'Anjou, ne se réduit pas à cet épisode. Il est d'abord un *Bildungsroman* qui raconte la lente transformation d'un page innocent en un chevalier accompli. La carrière des armes est doublée d'une histoire d'amour : une jeune veuve qui vit à la cour du roi remarque le page, fait son éducation courtoise et en tombe bientôt amoureuse. Signe des temps nouveaux, cette éducation implique un coût financier : les sommes d'argent données à Jehan par la veuve ou par le couple royal sont régulièrement précisées et leur emploi justifié. Mais l'originalité de *Jehan de Saintré* est ailleurs : alors que dans tout roman l'histoire des armes et celle de l'amour vont de pair, Antoine de La Sale ramène la relation amoureuse au niveau anecdotique du fabliau ou de la nouvelle. Tandis que Jehan fréquente les cours en quête de joutes et de pas d'armes, la dame se console de son absence avec un jeune abbé, plus friand de plaisirs charnels que soucieux de pieuse réclusion monastique.

La vie chevaleresque de Jehan de Saintré commence par les *Wanderjahre* caractéristiques de tout roman d'apprentissage : la Dame lui recommande d'aller «faire armes» pendant un an aux cours des rois d'Aragon, de Navarre, de Castille ou de Portugal. En fait, le jeune écuyer se contentera d'un aller-retour Paris-Barcelone, car il trouvera un chevalier qui le libérera de son «emprise» dès la première étape. Il faut dire qu'en 1446-1447, le fameux chevalier bourguignon Jacques de Lalaing avait entrepris un bien plus long voyage, à travers les royaumes de Navarre, de Castille, de Portugal et d'Aragon, avant de trouver un adversaire[22]. Le voyage de Saintré n'a rien de celui d'un ancien chevalier errant : il est accompagné de trois chevaliers, de neuf écuyers, de hérauts d'armes, d'une foule de pages et de domestiques, sans compter les bagages contenant les habits et les objets de luxe. Il n'est pas étonnant qu'il mette une journée pour se rendre de Paris à Bourg-la-Reine.

Bien que son héros soit mort en 1368, Antoine de La Sale le place dans la société aristocratique du milieu du XVe siècle. L'aventure chevaleresque y est remplacée par la joute et le pas d'armes, le destin du héros se décide à la cour et non pas dans les forêts obscures. Se rendre en Espagne et au Portugal pour jouter en l'honneur de la dame aimée était devenu une mode depuis que le sénéchal de Hainaut s'y était couvert de gloire en 1402. À leur tour, des chevaliers italiens, catalans et castillans viennent jouter en France ou en Angleterre. Jehan de Saintré combat en champ clos un baron de

---

22. *Livre des Faits de Jacques de Lalaing*, dans *Œuvres de Georges Chastellain*, éd. Kervyn de Lettenhove, t. VIII, Bruxelles, 1866, p. 99-160.

Pologne qui, accompagné de quatre compatriotes, errait sur les routes de l'Europe pour «acquerir honneur et la tres desiree grace de sa dame». Sur le conseil de sa protectrice, Saintré défend un pas dans les environs de Calais pour se faire connaître des chevaliers anglais. L'abbé ne manquera pas de railler ces chevaliers qui, sous prétexte de faire leurs armes, s'en vont en hiver en Allemagne s'amuser avec les filles, en été en Sicile ou en Aragon, profiter des bons fruits et des beaux jardins, et finissent par payer un pauvre ménestrel chargé d'annoncer dans les cours leurs imaginaires victoires.

Pourtant, le point de vue de l'abbé n'est pas celui de l'auteur, aux yeux duquel la chevalerie garde son prestige. Saintré ne se fera adouber qu'à l'occasion d'une croisade en Prusse contre les sarrasins. Tous les chevaliers de l'Occident et de l'Orient se liguent contre l'infidèle. C'est avec un plaisir évident que l'auteur dresse la longue liste des combattants du camp chrétien, en mélangeant des noms familiers et contemporains à d'autres, à sonorité étrangère. La présentation de l'armée sarrasine est un prétexte pour mentionner d'abord l'Inde et ses 7548 îles, dont la plus importante cependant avait été convertie au christianisme par l'apôtre Thomas. Un de ses corps d'armée est constitué par les rois d'Arménie, de Fès, d'Alep, de Balaquie, de Barbarie, de Russie, de Samace et de Tartarie. Si nous nous rappelons que l'auteur mena une vie aventureuse, qu'il participa à la croisade de Jean Ier de Portugal qui avait abouti à la prise de Ceuta, qu'il connaissait parfaitement les cours de France, de Bourgogne, d'Italie, qu'il avait rédigé des relations de voyage et même un traité de géographie, nous comprendrons que sa façon désinvolte d'enfiler les noms des royaumes et des peuples du vaste monde n'est qu'un procédé visant à souligner le caractère fictionnel du discours. L'auteur anonyme du *Livre des faits de Jacques de Lalaing* note avec minutie le trajet et les étapes des voyages de son héros en Bourgogne, en Espagne, au Portugal, en Angleterre, en Écosse. Le même souci de précision apparaît chez le chevalier Leo von Rozmital, originaire de Bohême, qui entreprend entre 1465 et 1467 un périple à travers plusieurs pays de l'Occident. Tout autre, en revanche, est la situation dans *Jehan de Saintré*: Antoine de La Sale introduit délibérément un jeu entre l'expérience de la réalité et l'univers de ses personnages.

Il n'en est pas de même de l'auteur anonyme de la belle *Histoire des seigneurs de Gavre*[23], également «parue» en 1456. Le livre, rédigé dans l'entourage du duc de Bourgogne, appartient à la tradition des aventures chevaleresques d'outre-mer,

---

23. *Histoire des seigneurs de Gavre*, éd. René Stuip, Paris, Champion, 1993.

comme le roman de *Gillion de Trazegnies* et la mise en prose de *Gilles de Chin*. Son héros est Louis de Gavre, chevalier flamand, dont un aïeul est mort à Roncevaux ; son père a été un compagnon de saint Louis. À l'âge de 18 ans, Louis décide de «chercher les adventures du monde». Uniquement suivi d'un fidèle écuyer, il traverse la Champagne, la Bourgogne, la Savoie et entre au service du duc de Milan, en guerre avec Florence. Au bout d'un an, après s'être illustré dans les batailles, Louis s'en va chercher fortune ailleurs. En Dalmatie, il défend dans un duel judiciaire le comte d'Istrie, injustement accusé. Ayant libéré le pays des félons et des méchants, il s'embarque à Raguse pour se rendre à Constantinople, en compagnie d'un chevalier istriote, Organor de Sibenik. Après diverses péripéties en mer, ils apprennent que le duc d'Andrinople a envahi les terres du duc d'Athènes car la fille de ce dernier refusait de l'épouser. Les deux chevaliers changent de cap et vont vers Athènes où ils arrivent à temps pour modifier le cours de la bataille et donner la victoire aux Athéniens. Louis épousera la princesse et succédera à son beau-père. Un jour, il apprend par un pèlerin flamand que le roi Philippe de France avait annoncé pour la Pentecôte un tournoi à Compiègne. Sans hésiter, Louis entreprend le voyage. En compagnie de sa femme, de son jeune fils et de plusieurs nobles chevaliers, il traverse Belgrade, Buda, les pays allemands, Bâle, la Bourgogne, Troyes. Il remporte le prix du tournoi, confie à ses vieux parents son deuxième fils, qui vient de naître, puis retourne à Athènes.

L'originalité du roman tient au fait que le héros vit ses aventures non dans un décor abstrait, mais dans des pays bien réels. L'auteur montre une bonne connaissance de la côte et de l'archipel dalmates, ainsi que de la Grèce. Il sait que des seigneurs chrétiens se livrent au pillage des marchands, de connivence avec les pirates sarrasins de Tunis. Pour traverser certaines régions, les deux chevaliers embauchent des guides. En Grèce, ils s'informent «des manieres et coustumes du païs[24]». Alors que Louis s'enferme dans sa chambre, en proie à des pensées amoureuses, son ami visite Athènes. De retour au logis, celui-ci lui fait part de

> la beauté et situacion du lieu ; puis luy raconta la ruyne des beaulx palaix et riches edefices que aultrefois y avoit eu, par coy on perchevoit assés, par les riches pillés que encores estoyent en estat et les riches murs de pourfire et d'albastre listé ; puis luy raconterent les lieux desers et palaix abatus quy estoient hors de la ville ens es beaulx jardins de plaisance, ou

---

24. *Ibid.*, p. 92.

anchienement les philosofes tenoyent leurs estudes. Ainsy
come poés oÿr, Organor racontoit a Loÿs de Gavres la beaulté
de la noble cité d'Attainez[25].

Invités par le duc à un festin, les deux chevaliers refusent
de s'asseoir à table, pour servir les dames, «ainsy come en
France estoit de coustume». Cependant, le sénéchal ne l'accepte pas, car «selonc les paÿs les coustumez! Maintenant
estes en Grece, et pour ce selon la maniere et coustume de
Grece vous convient faire la feste[26]». Cette attention prêtée à
des pays lointains et aux mœurs des gens est exceptionnelle
dans le roman français.

Le motif du chevalier parcourant le monde sur l'ordre
d'une dame qui, en récompense de la gloire qu'elle voudrait
le voir acquérir, lui a promis son amour, réapparaît dans le
roman de *Jehan d'Avennes* (1465), déjà mentionné. Comme
Jehan de Saintré, Jehan d'Avennes s'affirme d'abord dans les
joutes et les pas d'armes. Sa renommée est si grande qu'il
obtient du roi de France la permission d'affronter en champ
clos l'empereur d'Allemagne (le «souldan») pour éviter une
bataille meurtrière entre les deux armées. De vagues souve-
nirs de la littérature arthurienne sont réutilisés, mais sans
véritable incidence sur l'univers du roman : le héros tue un
énorme serpent dans la forêt du Vallois — motif très prisé, qui
apparaît aussi dans la mise en prose de *Gilles de Chin* au
XVᵉ siècle ; il combat incognito avec des armes blanches, ver-
meilles, noires ; devant l'impossibilité d'épouser sa protectrice
bien-aimée, il se retire dans une forêt, où il vit sept ans au
milieu des bêtes sauvages, en se nourrissant de racines. Mais
ce qui distingue Jehan d'Avennes est un nationalisme évident :
les guerres auxquelles il participe se font contre l'empereur
d'Allemagne et contre le roi d'Angleterre. À l'exception
d'une rapide expédition en Espagne, l'espace de ses exploits
est la France entre Reims et Bordeaux, l'Artois et la forêt de
Mourmay. Et plus les sièges, les guerres, les croisades sont
fantaisistes, plus l'auteur s'attache à nommer les provinces et
les rivières de France que traverse son héros, comme s'il voulait compenser l'inconsistance du temps raconté par l'enraci-
nement dans un pays bien réel.

La même exaltation nationaliste se lit dans le *Noble et
tresexcellent romant nommé Jehan de Paris, roy de France*[27], roman

25. *Ibid.*, p. 114.
26. *Ibid.*, p. 137.
27. *Le roman de Jehan de Paris*, in *Poètes et romanciers du Moyen Âge*,
éd. Albert Pauphilet, Paris, Gallimard, Bibliothèque de la Pléiade, 1952,
p. 691-760.

en prose de la fin du XVᵉ siècle, qui connaîtra une étonnante popularité jusqu'au XIXᵉ siècle. Il raconte la compétition pour la main de l'infante d'Espagne entre le vieux roi d'Angleterre et le jeune roi de France. Avant de se rendre à la cour de Burgos, le roi d'Angleterre vient à Paris se fournir en cadeaux, car il « ne trouvoit pas bien en son pays draps d'or a sa voulenté [28] ». Le roi de France décide de l'accompagner, en se cachant sous l'identité d'un certain Jean, fils d'un bourgeois de Paris, et de l'éblouir par son train de vie fastueux. Il organise dans le plus grand secret la rencontre qu'il attribuera au hasard, entre son cortège et celui des Anglais : « Quant il sceut que le roy d'Angleterre vouloit partir demain de Paris, il part et tire son chemin par la Beausse, car il savoit bien que ledict roy vouloit tirer a Orleans et de la a Bordeaux, et pource il s'en alla devant jusques vers Estampes. Et quant il fut adverti que le roy d'Angleterre venoit, il partit d'Estampes, et se mit a chevaucher la Beausse tout bellement, pour contreactendre le roy d'Angleterre[29].»

Il arrive pourtant que, même dépourvu de déterminations spatiales concrètes, un pays lointain serve un arrière-plan politique. Ainsi en est-il du légendaire «royaume de Hongrie», associé depuis le XIIᵉ siècle au lignage maternel de Charlemagne. Or, à la fin du XVᵉ siècle, l'auteur du *Roman de mesire Charles de Hongrie*[30] reprend ce lieu d'origine épique pour célébrer implicitement la maison d'Anjou comme ancienne détentrice de la couronne de Hongrie. Mais son projet pourrait être beaucoup plus ambitieux : par des précisions dynastiques, par tout un jeu d'allusions à des situations contemporaines, il fournit au jeune roi Charles VIII un argument pour se prévaloir de droits sur la Hongrie, et surtout sur l'Italie et le royaume de Jérusalem[31]. L'espace des aventures est néanmoins arthurien : une forêt peuplée de chevaliers errants, d'ermites, de demoiselles violentées, de nains et de géants, de griffons, de monstres et d'hommes sauvages.

Même chez un esprit nostalgique comme Froissart, la conscience du changement historique s'accompagne du sentiment de l'agrandissement de l'espace : «lors [au temps d'Arthur] n'estoient pas si grans/les terres... comme elles sont presentement», déclare-t-il dans *Méliador*[32]. Et pourtant, le roman français du Moyen Âge flamboyant est beaucoup plus

---

28. *Ibid.*, p. 707.
29. *Ibid.*, p. 712.
30. *Le Roman de messire Charles de Hongrie*, éd. Marie-Luce Chênerie, Toulouse, Presses Universitaires du Mirail, 1992.
31. Marie-Luce Chênerie, «Introduction», *Ibid.*, p. XXIII-XXVI.
32. Jean Froissart, *Méliador*, t. I, v. 21-23.

fidèle à la topographie traditionnelle que sensible aux données de la pratique. À de rares exceptions, les noms des pays
lointains sont des lieux d'indétermination poétique. En revanche, la toponymie française fait une entrée massive dans
l'univers romanesque, surtout dans les romans écrits à la
gloire d'une famille. Ce processus contribue non seulement à
la diminution de l'espace merveilleux, mais aussi à l'efface-
ment graduel de la valeur générique de la topographie littéraire.

Le genre du roman à la Renaissance[1]

MARIAN ROTHSTEIN

La difficulté de la stricte application d'une théorie des genres à une réalité littéraire est largement reconnue. Qui parle de genre doit aussi en préciser l'époque, car les genres sont et furent toujours en *mouvance*. Alastair Fowler[2] suggère que les anciens, Quintilien, entre autres, considéraient déjà la pastorale comme un genre héroïque parce qu'ils basaient leur concept des genres sur la forme des œuvres, et que la pastorale antique s'exprimait dans le même hexamètre que la tragédie et l'épopée. Le fait qu'à l'époque qui nous intéresse on se trouve devant un double système de modèles, anciens et modernes, ne simplifie pas la question[3]. Sous la pression d'une taxonomie prestigieuse héritée de l'Antiquité et face à l'impératif d'admettre un système qui absorberait de nouveaux genres[4], la théorie des genres à la Renaissance a cherché des solutions souples, globales. S'il s'agissait du genre des contes de Boccace, on les classait comme comédies, tragédies ou épopées[5]. Suivant l'exemple des anciens, les textes théoriques

1. Je tiens à remercier Irène Kraemer et Nicolas Rand pour leurs suggestions et conseils dont cet article a beaucoup profité dans sa forme finale.
2. *Kinds of Literature. An Introduction to the Theory of Genres and Modes*, Cambridge MA, Harvard UP, 1982.
3. Voir Rosemarie Colie, *The Resources of Kind. Genre-Theory in the Renaissance*, Berkeley, University of California Press, 1973, et les articles réunis dans *La Notion de genre à la Renaissance*, éd. Guy Demerson, Genève, Slatkine, 1984, surtout pour la contribution de Gisèle Mathieu-Castellani, « La Notion de genre » (p. 17-34).
4. Il faut comprendre « nouveaux » par rapport au monde classique. Les sources principales de ces « nouveautés » sont la tradition médiévale et l'Italie de la Renaissance.
5. François Lecercle, « Théoriciens français et italiens : une "politique" des genres », dans *La Notion du genre à la Renaissance*, p. 69.

s'adressent au futur écrivain et l'invitent à imiter les qualités des modèles reconnus. Aujourd'hui, la critique moderne a tendance à privilégier le lecteur plutôt que l'écrivain, et modifie dès lors le point de vue à partir duquel on pose des questions de genre.

> L'un des postulats aujourd'hui assez généralement admis par consensus, à la suite des travaux des Formalistes russes, et auquel l'esthétique de la réception a redonné un nouvel intérêt, énonce qu'une œuvre, loin de surgir dans un désert vide de toute information préalable, est reçue à partir d'une situation spécifique de compréhension, qui oriente sa lecture, et détermine les aspects de son impact. C'est dire que l'intertextualité générique est une partie non négligeable de cette information préalable. Tout comme le procès d'écriture, le procès de lecture est de nature générique[6].

De nos jours, l'étude des genres vise donc le plus souvent les horizons d'attente[7] qui sous-tendent la réception d'un texte littéraire.

La présente investigation du statut générique du roman à la Renaissance, voulant profiter des deux approches, cherche à les intégrer. Celle des modernes nous permettra de poser de nouvelles questions pertinentes, de voir plus clairement que nos prédécesseurs ; celle qui ressort de la pensée du XVIᵉ siècle (que ce soit des producteurs ou des lecteurs) nous aidera à nous rapprocher de la réception réservée à nos romans à leur époque. Comment l'auteur d'un roman, à la Renaissance, définissait-il sa tâche, ses buts, ses limites ? Qu'attendait le lecteur du XVIᵉ siècle de la lecture d'un roman ? Comment le jugeait-il ? À quoi le comparait-il[8] ?

---

6. Gisèle Mathieu-Castellani, «La Notion de genre» dans *La Notion de genre à la Renaissance*, p. 28.
7. L'expression vient des écrits de Wolfgang Iser et d'autres critiques de l'école de Constance qui élaborent une théorie de la réception moderne. J'emploie l'expression au pluriel pour souligner la complexité du processus de lecture ; consciemment ou inconsciemment, le lecteur avisé et sensible reçoit forcément des signaux génériques au pluriel et ceci d'autant plus que, loin d'être statique comme le laisseraient penser des définitions prescriptives, l'idée de genre est et fut depuis toujours, un concept en évolution continue.
8. Bien que la théorie des genres soit apparemment prise au sérieux dans les arts poétiques de l'époque, François Lecercle note qu'elle «semble condamnée aux psittacismes, à la stérilité, voire à la contradiction» (p. 68). Il en conclut qu'à la Renaissance, la théorie des genres n'offre qu'un faux rêve d'ordre correspondant à l'ordre de la nature, où les espèces non prévues sont par définition des monstres : «Théoriciens français et italiens : une "politique" des genres» dans *La Notion du genre à la Renaissance*, p. 67-100. Au moins dans les deux premiers tiers du siècle, comme j'espère le démontrer dans ce qui suit, ces «espèces» sont un peu plus souples que Lecercle ne semble le croire.

Personne parmi les théoriciens anciens ne parle du roman, et pourtant il en existait en Grèce et à Rome. L'ambiguïté que nous avons notée déjà au sujet de la taxonomie générique au XVIe siècle est d'autant plus manifeste qu'il s'agit de formes modernes sans autorisation de l'Antiquité, tel le sonnet. Pour Du Bellay, le sonnet est une variante de l'ode, «différent d'elle seulement pource que le sonnet a certains vers reiglez et limitez et l'ode peut courir par toute maniere de vers librement, voire en inventer à plaisir[9]. Pour Sébillet, ce n'est qu'un dizain rallongé[10], tandis que Peletier le lie à l'épigramme[11]. Le roman posait un problème similaire, mais en l'occurrence plus facile à résoudre, car tous les contemporains y trouvèrent la même solution.

Au XVIe siècle, les réflexions sur le genre romanesque s'expriment dans les préfaces et pièces liminaires des romans mêmes, et dans les arts poétiques écrits pendant la période qui nous intéresse : en français, Sébillet (1548), Du Bellay (1549), Peletier du Mans (1555), Ronsard (1565 et 1572) ; en latin, Scaliger (1561). Ces textes s'accordent à parler du roman dans le contexte d'une discussion de la forme la plus prestigieuse pour l'Antiquité et pour la Renaissance : l'épopée. Cependant, ce genre n'avait pas encore de nom fixe dans la langue du XVIe siècle. Ni «épopée», ni «épique» ne figurent dans les dictionnaires de Cotgrave ou Nicot, tous deux rédigés au début du siècle suivant. Du Bellay parle du «long poëme», Sébillet du «grand œuvre», Peletier de «l'œuvre héroïque», et Scaliger, écrivant en latin, hésite entre «poemata heroica» et «epica». Cette variété de vocabulaire suggère une certaine ouverture d'esprit. En même temps, elle implique un accord général : la forme en question doit être longue, elle doit décrire des gestes héroïques et des combats, elle doit posséder l'ampleur qui permet au poème d'embrasser largement le savoir humain, et enfin, l'épopée doit proclamer la gloire de la patrie. On le verra, la «critique» à la Renaissance insiste sur la présence de chacune de ces catégories dans le roman.

Dans la *Deffence*, Du Bellay invite le lecteur-écrivain à chercher la matière de son long poème dans «un de ces beaux vieulx romans Françoys, comme un Lancelot, un

___

9. *Deffence et illustration de la langue francoyse*, éd. Henri Chamard, Paris, Didier, 1961, vol. II, p. iv.
10. Thomas Sébillet, *Art Poétique Françoys*, éd. Félix Gaiffe, Paris, Droz, 1932, p. 115.
11. *Art Poëtique*, éd. André Boulanger, Paris, Les Belles Lettres, 1930, p. 64.

Tristan, ou autres[12] ». Aussi surprenant que soit cette recom-
mandation, un peu plus de réflexion nous montre que ces
histoires répondent à tous les critères énoncés ci-dessus : elles
sont longues ; elles ont de l'ampleur ; elles racontent des faits
d'armes admirables ; elles s'occupent de questions très variées
de gouvernement, de guerre, d'amour, de magie, etc. Bien
que leurs aventures aient lieu plutôt en Grande-Bretagne
qu'en France, depuis longtemps toute l'Europe associe leurs
noms à la gloire de la France.
   Peletier encourage également l'écrivain de la future épopée française à chercher un sujet français. Il loue d'abord la
variété de matière et d'émotion des sources françaises, pourtant non spécifiées.

> Voela commant les infortunes parmi les felicitez, les joees par-
> mi les tristeces : sont le jeu du Teatre de ce monde ; dont le
> Poeme et le miroer. Et parmi l'universel discours, il fait bien
> voer, commant le Poëte, apres avoer quelque foes fet mancion
> d'une chose memorable (queles sont celes que nous avons ici
> deduites) la lesse la pour un tans : tenant le Lecteur suspans,
> desireux e hatif d'an aler voeur l'evenement. An quoe je
> trouve noz Rommans bien invantez. E dirè bien ici an passant,
> qu'an quelques uns d'iceux bien choesiz, le Poëte Heroïque
> pourra trouver a fere son profit : comme sont les avantures des
> Chevaliers, les amours, les voyages, les anchantemans, les com-
> baz, e samblables choses : déqueles l'Arioste à fet amprunt de
> nous pour transporter en son Livre (p. 201).

Peletier évoque ici l'*Orlando furioso* dont la réputation comme
premier poème épique moderne venait de se raffermir[13]. Il
voit dans le texte italien une preuve de la puissance en
germe des sources *françaises* pour célébrer la gloire de la
France[14]. Comme Du Bellay, il envoie ses lecteurs considérer

<hr/>

12. Éd. citée, 2.5.129. On reviendra plus loin à la version de ces histoires connue par Du Bellay. Que ce dernier parle de romans au moment de
la grande vogue des romans tels que les *Amadis* est moins surprenant que de
voir Ronsard, quinze ans plus tard, encourager le lecteur de son *Art Poétique*
à utiliser « les vieux motz de noz Romans » (*Abrégé de l'Art poëtique françois*,
Œuvres complètes (OC), vol. XIV, éd. Paul Laumonier, Paris, Didier, 1949,
p. 9). Il revient sur ce sujet dans la préface de la *Franciade, OC*, XVI, éd. Paul
Laumonier, Paris, Didier, 1950 : les références ultérieures à ce texte seront
indiquées par le sigle *F.*
     13. Voir au sujet de la réputation de l'Arioste : Daniel Javitch, *Proclai-
ming a Classic,* Princeton, Princeton UP, 1991.
     14. C'est la même mentalité qu'on remarque dans la traduction fran-
çaise de Boiardo dont la page de titre offre aux lecteurs : *Roland l'Amoureux
mis en italien par le seigneur Mathieu Marie Bayard, comte de Scandian et
traduit en Francoys par Maistre Jacques Vincent,* Paris, Groulleau, 1549-50.
Qu'il ait « mis » son poème en italien implique que Boiardo dut le traduire du
français. L'œuvre de Boiardo est encore attachée à la France par l'heureuse
coïncidence qui permet à la forme française de son titre de rappeler le
fameux chevalier sans peur et sans reproche.

«nos vieulx romans francoys». Le même souci nationaliste
colore toute la discussion de l'épopée et du roman.
Le développement pratique de cette interaction est visible dans *Amadis de Gaule*, roman d'aventures publié en français à partir de 1540, et vite devenu le roman le plus cité, le
plus discuté, le plus réimprimé du siècle. Dès son titre, *Amadis
de Gaule* affiche ses liens à la patrie. «Gaule, Gaule», le cri de
guerre du héros ne le laisse pas oublier. Au début du livre dix,
Claude Gohorry le rappelle dans sa dédicace à Marguerite de
France «esperant bon recueil à cause du nom de Gaule qu'il
[le roman] porte». Dans la préface du livre cinq, Herberay
Des Essars, le créateur de la version française des huit pre-
miers livres des *Amadis*, élabore les leçons et promesses de
gloire transmises de la Gaule du roman au roi François. Il
reprendra ce sujet dans la préface de *Dom Flores*. Jean Maugin,
écrivain toujours jaloux de la gloire de la France, auteur du
Nouveau Tristan et traducteur de *Palmerin d'Olive*, accuse
l'Arioste d'avoir volé au *Tristan* français maints traits qui déco-
rent son héros, Orlando.

> Voyez Maupas, l'Italien
> S'embelir de ce qui n'est sien,
> C'est de nostre plumage. [...]
> Voyez son larcin aparent [...]
> Dont Tristan mit tout en oubly[15] [...]

Il y a lieu de penser que ces vers, qui suggèrent une proche
parenté entre les deux textes, servent de publicité à l'ouvrage de Maugin en même temps qu'ils flattent les préjugés
pro-français des lecteurs du roman.
Dans le passage de son *Art poétique* cité ci-dessus, Peletier
déclare que l'*œuvre héroïque* (que ce soit, selon la nomencla-
ture moderne, poème ou roman) doit offrir un miroir du «jeu
du Teatre de ce monde», autrement dit, un «universel discours», un discours capable d'embrasser tout le savoir humain. Ailleurs, il note parmi ses mérites que :

> les autres g'anres d'Ecriz ètre les Rivieres et ruisseaus : e l'Hé-
> roïque ètre comme une Mer, einçoes une forme e image
> d'Univers : d'autant qu'il n'et matiere, tant soèt ele ardue,
> precieuse, ou excelante an la nature des choses : qui ne s'i
> puisse aporter, e qui n'i puisse antrer (p. 194).

---

15. *Le Premier Livre du nouveau Tristan, Prince de Leonnois, Chevalier
de la table ronde, et d'Yseulte, Princesse d'Yrlande, Royne de Cornouaille*. Fait
Françoys par Ian Maugin, dit l'Angevin. Probè et tacitè ; Paris, vve Maurice de
la Porte, 1554 ; signature préliminaire marquée d'une feuille 6 r°.

Pour Peletier et ses contemporains, une des qualités les plus précieuses du genre est de tout embrasser. Une grande partie de son utilité vient de sa capacité à fournir des informations sur nombre de matières les plus diverses. François de Vernassal reprend cette idée dans la préface du roman *Primaleon de Grèce* (1550), tout en soulignant les mérites de son roman. À ses modèles italiens et espagnols, explique-t-il au lecteur, il a parfois ajouté des morceaux de sa propre invention :

> Afin de mieux l'exprimer & rendre plus celebre la lecture d'icelle, ay descrit quelques passages selon la vraye cosmographie, allegué force authoritez & comparaisons (tant des histoires que fables poëtiques) & usé souvent de sentences, raisons, metaphores, similitudes, cartelz, letres, vers, harengues, concions, & paraphes assez longues de mon invention, es lieux où je voyois ce peu que je sçay y estre propre & convenable[16].

L'importance accordée à l'encyclopédisme explique peut-être les intentions de Sébillet quand il propose le *Roman de la rose*[17] parmi les modèles à choisir, à côté de *L'Iliade, L'Énéide,* et des *Métamorphoses*[18] pour qui veut écrire un «grand œuvre».

Les arts poétiques aussi bien que les pièces liminaires des romans discutent le contenu du «grand œuvre» ou du roman, mais sa forme est rarement en question. Il semblerait que la présence ou l'absence de mètre n'a pas grande importance. La frontière entre œuvre en prose et œuvre en vers, roman et épopée, est passée sous silence par tous les critiques de la Renaissance sauf par Ronsard qui lui consacre deux mots[19]. Dès le XIVᵉ siècle, quand la mise en prose des chansons de geste et romans en vers prend son premier élan, la prose

16. *L'Histoire de Primaleon de Grece continuant celle de Palmerin d'Olive Empereur de Constantinople son pere, naguere tirée tant de l'Italien comme de l'espagnol, et mis en nostre vulgaire par François de Vernassal Quercinois*, Paris, Sertenas, 1550, a 3 rᵒ.
17. *Op. cit.* 186. Le passage cité se trouve au commencement du chapitre xiv, « De La Version ».
18. *Les Métamorphoses d'Ovide*, dont le contenu est clairement fabuleux, sont applaudies pour les renseignements utiles qu'elles apportent : « *Non Solum erim veteres historiae ; quae propter antiquitatem fabularum loco habentur ex vetustissimus authoribus collecte eleganter ab Ovidio describantur : sed ita et geographie et astrologie et misce et artis oratorie : et moralis naturalisque philosophie ratio exprimitur : ut cui Ovidii metamorphosis bene precepta fit.»* Lettre de Raphael Regius à Francesco Gonzaga, *P. Ovidii Nasonis Metamorphoseos*, Lyon, Gueynard, 1510, a 5 rᵒ.
19. *Abrégée de l'art poëtique françois*, p. 23, identifie l'alexandrin à l'hexamètre héroïque (bien que la *Franciade* soit écrite en décasyllabes, contre le gré de son auteur, nous dit-il, OC XVII, xiv). Plus importante, selon Ronsard, que les aspects techniques de la composition est l'*inventio*, la création de nouvelles combinaisons d'événements et d'images.

devient la forme habituelle, en français, de la narration littéraire étendue. Depuis le Moyen Âge, la tradition veut que
«rien de ce que l'on dit en vers ne peut être vrai[20]». Quand la
Renaissance connaissait des longs poèmes narratifs du Moyen
Âge, comme le *Tristan* et le *Lancelot* évoqués par Du Bellay,
c'était dans les rédactions en prose faites aux XIVe et XVe siècles et imprimées dès l'aube de cette technologie. Le XVIe siècle soupçonnait à peine l'existence de ces poèmes, comme
l'atteste l'hésitation de Claude Fauchet devant la découverte
de morceaux de romans rimés sur des parchemins qui ser-
vaient à renforcer les reliures de livres imprimés. «Je croy bien
que ceux que nous avons aujourduy imprimez : tels que Lancelot du Lac, Tristan, et autres : sont refondus sus les vieilles
proses & rymes, & plus refraichis de langage[21]». En 1543,
l'*Orlando furioso* est traduit en prose française. La première
édition porte déjà sur la page de titre des vers qui la compa-
rent à l'*Amadis de Gaule*[22]. Quelques années plus tard, apparaî-
tra la traduction, également en prose, du poème précédent,
l'*Orlando Amoroso* de Boiardo[23]. En français, ces deux œuvres
se présentent comme des romans, sans indication qu'il y ait eu
autre transformation que celle de la traduction de l'italien en
français. Ce serait encore un indice de frontières génériques
fluides, alors que la théorie du XXe siècle exigerait une
conception mieux délimitée.

    Le lecteur de la Renaissance faisait couramment une
autre différenciation, celle entre historiens et poètes. Comme
l'indique Douglas Kelly :

> If the narrative was straightforward and factual (even when it
> included topical amplifications), the author was a *historicus*
> and wrote *historia*; if it was not straightforward but relied on
> artificial arrangement and reinterpretation of material, the
> work was a *poema* and the author a *poeta*[24].

20. Paul Zumthor, *Essai de poétique médiévale*, Paris, Seuil, 1972, p. 98.
    21. *Recueil de l'origine de la langue et poesie françoise, ryme et romans*,
Paris, Patisson, 1581, N 1 r⁰.
    22. Il faut rappeler qu'à l'époque, c'était l'acheteur et non le libraire
qui s'occupait de faire relier les livres. Les pages de titre étaient donc à nu,
exposées dans les étalages des librairies. Et les vers de l'*Orlando* ne passent
pas inaperçus ; ils auront leur réponse dans les livres quatre et cinq de l'*Amadis*, les deux prochains à paraître.
    23. L'édition française de Boiardo, bien qu'elle ne parle pas des *Ama-
dis*, les évoque tout de même en parsemant le volume d'images dont le
lecteur reconnaîtrait facilement la source dans le roman français. Voir mon
article, «Commemorative Images in *Amadis de Gaule*», *Proceedings of the
International Word and Image Society*, à paraître.
    24. *The Art of Medieval French Romance*, Madison, University of Wiscon-
sin Press, 1992, p. 70.

Cette distinction était loin d'être étanche et l'on espérait souvent pouvoir profiter du prestige (différent) des deux modes à la fois. Ainsi Maugin écrit dans ses vers liminaires pour *Primaléon* que « poësie et histoire il assemble/ En un sujet, voire si doctement,/ Qu'une de l'autre on ne peult separer : » (a 5 r°). Plus tard, en 1572, dans la préface à *La Franciade*, Ronsard fait des efforts pour les distinguer : l'historien « reçoit seulement la chose comme elle est, ou fut, sans desguisure ny fard », tandis que le poëte « s'arreste aux vraysemblable[25] ». Loin de se trouver dans la forme ou dans l'emploi de tel ou tel mètre, la marque du vrai poète est qu'il « se recule le plus qu'il luy est possible de l'historien » (*F*, 4). Selon son auteur, *La Franciade* est « un Roman comme l'Iliade et l'Aeneide » (*F*, 5). Ronsard indique donc que pour les lecteurs contemporains, l'horizon d'attente du roman et celui des grandes épopées de l'Antiquité se ressemblent et se confondent.

Scaliger nous mène à une semblable conclusion par une autre voie. Ses *Poetices libri septem* se servent de deux œuvres exemplaires pour examiner l'épopée : *L'Énéide*, œuvre que Scaliger admire plus que toute autre ; l'*Histoire æthiopique* d'Héliodore, œuvre en prose qui, pour le lecteur du XXᵉ siècle, serait un roman. Dans la préface de sa traduction d'Héliodore (1547), Amyot explique que « ce n'est qu'une fable, à laquelle encore default (à [son] jugement) l'une des deux perfections requises pour faire chose belle, c'est la grandeur[26] ». « Grandeur » évoque ce que j'ai appelé plus haut ampleur et encyclopédisme. Nous aurons à revenir sur cet aspect du genre. La préface d'Amyot semble aussi opposer « grandeur » et « fable » : le défaut de l'*Histoire æthiopique* serait d'avoir des liens trop faibles avec les événements du monde, des *res gestae*. On comprend alors mieux l'importance de la protestation de véridicité au début de tant de romans, et la fréquence de l'emploi du mot *chronique* dans leurs titres. L'histoire, celle qui raconte des *res gestae*, est présentée selon l'ordre chronologique des événements, l'*ordo naturalis*.

L'ordre chronologique est respecté au XVIᵉ siècle, bien que légèrement obscurci par la complexité des intrigues construites de multiples fils entrelacés. Même le grand humaniste qu'est

25. *Œuvres complètes*, éd. Paul Laumonier, XVII, Paris, Didier, 1950, p. 4.

26. (Paris, Goulleau, 1559) sig. *3r°. Sur la préface d'Amyot, voir Donald Stone, « Amyot, the Classical Tradition, and Early French Fiction », *Res Publica Litterarum*, nᵒ 2, 1979, p. 319-25. A. Maynor Hardee, « Toward A Definition of the French Renaissance Novel », *Studies in the Renaissance*, nᵒ 15, 1968, p. 25-38 ; Marc Fumaroli, « Jacques Amyot and the Clerical Polemic Against the Chivalric Novel », *Renaissance Quarterly*, vol. 38, nᵒ 1, 1985, p. 1-21.

Rabelais présente les aventures de ses héros, aussi fabuleuses soient-elles, comme s'il s'agissait de *res gestae*, selon leur occurrence dans le temps[27]. Le modèle hérité de l'Antiquité se trouvait en conflit avec la tradition de l'épopée médiévale où une geste dynastique lie des histoires en apparence indépendantes : Gargantua est le père de Pantagruel ; les générations de fils, petit-fils, arrière-petit-fils, etc., s'enchaînent dans la suite des *Amadis* ; *Primaléon* continue *Palmerin d'Olive*. L'Arioste même, en continuant l'histoire commencée par l'*Orlando Inammorato*, se place dans cette tradition. Vernassal insiste dans le prologue de *Primaléon* qu'il traduit « sans toutefois l'immuer ny diminuer en rien, et moins discontinuer ou pervertir l'*ordre et vray fil de l'histoire*» (a 3 r°). Dans la préface de *Meliadus* on apprend qu'

> un historiographe ne doit rien adjouster a l'histoire qu'il descripte mais simplement et vrayement doit narrer & dicter la chose qu'il a entreprinse de mettre en lumiere sans mensonges (qui est le propre des poetes) sans fiction, sans fables & sans aulcune flaterie. Ce que nous esperons de faire en ce traicte aussi bien ou mieulx que les aultres croniquateurs ont faict en leurs croniques[28].

---

27. La critique rabelaisienne nous ramène à plusieurs reprises, et par d'autres chemins que ceux que j'ai choisis ici, à considérer la part de l'épopée dans la création rabelaisienne. « C'est un lieu commun de la critique que de voir dans les cinq livres de Rabelais une épopée» (Guy Demerson,« Paradigmes épiques chez Rabelais», *Rabelais en son semi-millénaire. Actes du colloque international de Tours*, 1984, éd. Jean Céard et Jean-Claude Margolin, Genève, Droz, 1988, p. 225-236). Demerson demande aussitôt s'il s'agit d'une épopée par parodie, par métonymie, ou par métaphore. On voit le roman et l'épopée se rapprocher aux yeux de ce savant lecteur moderne qui connaît peut-être mieux les anciens que les textes de second ordre de la Renaissance, tels les *Amadis*. Il explique que « Rabelais profite sans vergogne des facilités d'une structure épique, souligne le mouvement heurté de l'action, le caractère factice des narrations simultanées (Aristote, *Poét.*, 1459 b 22) :« Laissons icy Pantagruel... et parlons du roy Anarche puis Maintenant retournons au bon Pantagruel & racontons comment il se comporta en cest affaire (I,28) » (*op. cit.* 225). Ce sont en fait des formules qui se retrouvent dans tous les romans entrelacés du Moyen Âge et de la Renaissance.
Pour Edwin Duval (*The Design of Rabelais's «Pantagruel»*, New Haven, Yale University Press, 1991), l'épopée est l'idée structurante du livre, épopée à la fois classique, c'est-à-dire humaniste, et intensément chrétienne. Gérard Defaux nous fait voir l'influence directe d'Homère dans les rencontres entre Panurge et Pantagruel dans *Le Curieux, le glorieux et la sagesse du monde*, « French Forum Monographs» n° 34, Lexington, French Forum, 1982. Pour la critique qui établit les rapports entre Rabelais et l'épopée, le public visé par l'œuvre de l'humaniste était une élite d'un savoir profond (Duval, p. xvii) nettement différente des *gentilshommes*, notables bourgeois, et leurs dames qui constituent le lecteur idéal des romans d'aventures de l'époque.
28. *La Triumphante et veritable histoire des haultz et chevalreux faictz d'arme du prince Meliadus*, Lyon, Pierre de Saincte Lucie, 1534, A 2 v°.

En commençant *in medias res*, les épopées antiques décla-
rent, dès le début, leur affranchissement par rapport à un
ordre qui limiterait les digressions et le suspense, qualités
plutôt propres à l'*ordo artificialis* de la poésie[29]. Déjà au Moyen
Âge, pour récupérer leur droit à se prétendre vrais, les *romans
d'Antiquité* réagissent contre leurs modèles en corrigeant ce
défaut et remettent dans l'ordre chronologique les épisodes
de l'épopée de base. Bien que Peletier exige une invocation à
la muse au début de l'épopée, il ne se permet pas de conseiller qu'on suive un ordre autre que celui de la chronologie,
expliquant seulement que «le commancemant doet être modeste apert e antendible, a l'imitation de la nature» (p. 195).
Ce ne sera qu'une bonne douzaine d'années après Peletier
que Ronsard osera entreprendre la composition d'une œuvre
achronologique, qui commencera comme ses modèles an-
ciens, *in medias res*. Aussi est-il le premier, dans son *Art poëtique
françois* (1565), à conseiller cette construction.

L'épopée antique, libre des règles qui la limiteraient à la
réalité, ne se détache point pour autant du monde vécu. Personne pendant l'Antiquité ou la Renaissance ne doutait de la
réalité fondamentale des sujets des grands poèmes d'Homère,
de Virgile, de Stace, et des autres poètes épiques antiques
— la guerre de Troie avait eu lieu. Et en outre, les épopées
antiques recelaient des leçons de géographie, de philosophie
et de bien d'autres matières. Cette attitude s'exprime déjà
ouvertement dans les scolies d'Homère, et dans le commentaire de Servius sur *L'Enéide* très souvent inclus dans les éditions du poème publiées au XVIe siècle. Peletier suit cette
tradition quand il conseille au poète moderne une vaste éru-
dition : «a notre Poete èt necessere la connoessance d'Astrologie, Cosmographfie, Geometrie, Phisique, brief, de toute la
Filosofie» (216-17). Du Bellay commence également le chapitre «Du long poëme francoys» avec une liste des savoirs
nécessaires pour écrire une épopée : «Donques, ô toy, qui
doué d'une excellent felicité de nature, instruict de tous bons
ars et sciences, principalement naturelles et mathematiques,
versé en tous genres de bons aucteurs grecz et latins, non
ignorant des parties et offices de la vie humaine...» (p. 127).
L'épopée doit être la source de renseignements des plus divers. C'est son encyclopédisme qui la mettra à l'abri des accu-
sations de vaine fable. Le roman de la Renaissance se
présentait de ce fait comme un texte utile où l'on pouvait
apprendre toutes sortes de choses concernant la Terre, la

---

29. Par contre, il faut noter que les *Métamorphoses*, œuvre fabuleuse à
souhait, observe l'ordre chronologique, commençant par la création du
monde, pour finir dans la Rome d'Auguste.

pensée humaine, la guerre, l'amour, la bienséance et le beau parler. Les poèmes liminaires évoquent aussi les rapports entre des ouvrages déjà célèbres et celui qui va suivre pour créer une ambiance favorable à la réception de ce dernier. Les comparaisons les plus usitées se font avec Homère ou Virgile parmi les anciens, et parmi les modernes, avec *Amadis* et l'Arioste (pour faire ressortir la supériorité des textes français). On remarquera qu'à l'exception des *Amadis*, les textes-modèles sont des épopées. Les auteurs des pièces liminaires reviennent volontiers aux éléments que nous avons associés plus haut à ce genre : les prouesses militaires (le plus souvent personnifiées par des grands héros de l'Antiquité), l'encyclo-pédisme, et l'illustration de la patrie. Ainsi, au commence-ment de *Primaléon de Grece*, Vernassal adresse un sonnet au roi où il affirme :

> S'il voue plaist donc lire ce qu'en ay fait,
> Je me tiendray pour trop mieux satisfait,
> Qu'aupres d'Auguste onques ne fut Virgile (a 2 r°).

La comparaison implique qu'Henri II égale Auguste (ou le dépasse) comme mécène, que Vernassal ressemble à Virgile et que le livre qui suit est à comparer à *L'Enéide*. Herberay Des Essars, après avoir donné la version française des huit pre-miers livres des *Amadis*, produisit *Dom Flores de Grèce* dans le même genre. Pour présenter ce nouveau roman au public, le savant Marc-Antoine Muret écrit :

> Mais puis que l'Homere second,
> Premiere gloire de la France,
> Sur son stile doux & facond
> Dessus des astres le lance,
> Tant le monde demourra,
> Le los d'Amadis ne mourra.

Le célèbre humaniste, associé à la Pléiade, évoque ici Homère et la durée de sa réputation pour déclarer que les *Amadis* et la présente œuvre d'Herberay dureront aussi long-temps et apporteront à la France une gloire pareille à celle du poète grec. Dans l'ode qui suit, un auteur anonyme compare *Dom Flores* à la *Thébaïde* et à *L'Enéide*, son héros est « l'Achille Gauloys », et son auteur encore une fois l'« Homere Fran-coys » (A 6 v°). Ces poèmes liminaires préparent le lecteur à la réception d'une œuvre immortelle, comme les épopées an-tiques, élégamment écrite, et qui traitera comme elles de faits de guerre, des faits qui glorifient la patrie.

Les livres de *l'Amadis* s'avèrent une source féconde de comparaisons entre le roman et l'épopée. Au début du livre deux, Herberay lui-même s'en sert dans un sonnet «Au Lecteur» :

> Bening lecteur, de jugement pourveu,
> Quand tu verras l'invention gentille
> De cest autheur : contente toy du stille,
> Sans t'enquerir s'il est vray ce, qu'as leu.
> Qui est celluy, qui peult dire : I'ay veu
> Blasmer Homere, ou accuser Virgile,
> Pour n'estre vrays ainsi que l'Evangile,
> En escripvant tout ce, qu'il leur a pleu ?

On reconnaîtra tout de suite la défense de l'utilité d'une œuvre qui admet des éléments fabuleux, et la tentative de la présenter sur un pied d'égalité avec les épopées antiques. À cela doit s'ajouter une référence à la présence de combats, l'*invention gentille*. Quand les nobles étaient encore des hommes de guerre par profession, le mot *gentille* visait la guerre : un gentilhomme était noble, donc guerrier ; un gentil chevalier était bon combattant[30]. C'est dans ce sens que Des Essars, qui était commissaire ordinaire de l'artillerie du roy, est un «gentil personnage[31]».

Dans un douzain au quatrième livre des *Amadis*, Louis des Masures, traducteur de *L'Enéide*, compare indirectement Herberay à Homère. Ce thème est repris au livre suivant par Claude de Marle. Au sixième livre de la série des *Amadis*, un dizain porte le titre «A l'Homere d'Amadis», un autre poème «Aux Lecteurs», se limite à comparer Herberay à Cicéron auquel Jean Maugin, au livre suivant, ajoute Démosthène, Homère, Virgile et d'autres. Michel Sevin, dans un «Discours sur les livres d'Amadis» de 252 vers au livre huit, revient plusieurs fois sur les parallèles avec Homère et Virgile, comparaison reprise au livre suivant par Du Bellay dans une ode pour le nouveau responsable, Claude Colet. Sevin insiste sur l'utilité épique, en soulignant la variété des sujets qu'il touche :

---

30. Voir Arlette Jouanna, *L'Ordre social : Mythes et hiérarchies dans la France du XVIᵉ siècle*, Paris, Hachette, 1977, p. 50. Vers la fin du XVIᵉ siècle, l'évolution de la connotation de ce mot double l'évolution de la société, et son sens moderne prend peu à peu le dessus. Mais pour la période 1540-1560 dont nous tirons ces références, il sera plus exact de voir d'abord des connotations belliqueuses.

31. L'expression est tirée du «Discours sur les livres d'Amadis» de Michel Sevin au début du livre huit des *Amadis*.

Nostre françoys, plus que tous, embellit.
Le bon maintien il sçait, et grace bonne
Aproprier à chacune personne.
Au Prince enseigne à bien se gouverner
Si longuement il veult en paix regner :
Au captaine envoyé à la guerre,
Donne vouloir d'honneur et gloire aquerre. (v. 54-60)

En peu de vers, Sevin parle de l'idée de l'élégance de la langue des *Amadis*, de diverses «disciplines», pour employer l'expression de Du Bellay — l'art de gouverner, les arts de la guerre — une liste largement augmentée au cours des deux cent quarante-six que compte le poème.

Les romans d'aventure se rattachent à l'épopée par des mouvements d'accumulation et de synthèse qui sont moins évidents au lecteur d'aujourd'hui qu'ils ne l'étaient au XVIᵉ siècle. Pour leurs contemporains, tant en ce qui a trait à la théorie qu'à la rhétorique de la réception dans les pièces liminaires, ce lien était aussi solide qu'évident. Roman et épopée promettaient au lecteur un texte patriotique, plein de détails utiles concernant les aspects les plus variés du savoir humain et des prouesses d'armes. C'est ce qu'attendaient les lecteurs du roman au XVIᵉ siècle, et ce que les auteurs de roman leur ont fourni. Le malheur voulut, en ce qui concerne la France, que ce soit en prose ou en vers, qu'aucune œuvre épique n'ait pu atteindre l'immortalité littéraire qu'elles visaient toutes.

La figure d'Ogier, de la chanson de geste au roman chevaleresque

VOICHIŢA SASU

Tant que l'homme aspirera à un idéal fait de valeurs primordiales, l'imaginaire chevaleresque fera partie des productions littéraires, indifféremment de la forme qu'il prendra, et de l'époque. Il est présent, sous un aspect brut, dépourvu d'ornements sentimentaux, dans l'épopée, qui se targue de refléter une société essentiellement guerrière et des valeurs collectives situées au-delà de toute contestation, société où se meut un héros démesuré par sa vaillance et sa fureur guerrière, et pour qui le paraître égale l'être. Il est également présent dans les romans courtois et chevaleresques où la mutation de la sensibilité et de la conscience d'une société s'affinant au contact des idées humanistes détermine un nouveau type d'aventure, individuelle et esthétique, suscitée par l'amour. D'où la transformation, dans la littérature romanesque de la fin du Moyen Âge, du héros épique appartenant exclusivement au fonds national en un héros chevaleresque plus universel.

Pour illustrer l'évolution que connaît la figure épique à la fin du Moyen Âge et pendant la Renaissance, nous avons choisi de nous pencher sur le cas d'Ogier, héros de chanson de geste (*Chevalerie Ogier* de Raimbert de Paris, XIIᵉ siècle), devenu héros de roman chevaleresque tardif (*Livre des Visions d'Ogier le Dannoys au royaulme de Fairie*, 1542).

L'épopée médiévale reflète une société placée sous le signe de la pérennité et des valeurs échappant à toute

contestation[1], où le contrat féodal assure les relations sociales
sans empiéter sur l'indépendance des individus. L'institution
de l'honneur comme base même de l'organisation sociale
permet à l'aristocratie héréditaire, noblesse de droit, d'impo-
ser ses prérogatives et ses valeurs ; ce dont l'épopée témoigne
en inscrivant le destin d'un individu dans des enjeux éminemment collectifs. À ce propos, nous renvoyons à *La Chevalerie
Ogier*[2], qui illustre une réalité historique : la résistance de la
féodalité au pouvoir central. C'est ainsi que le personnage
d'Ogier s'oppose à la royauté, même si c'est pour une raison
personnelle, et entend affirmer la justesse de son attitude et
de son droit moral. Il ne mâche d'ailleurs pas ses mots en
caractérisant l'attitude du roi de «grand légerie», «orguel»,
«grand estoltie» (v. 4385-4386[3]).

Pour sa part, le roman — courtois ou chevaleresque —
se fait plus clairement illustration des aventures, du destin
d'un personnage unique, et se doit de trouver des preuves de
vraisemblance en donnant l'illusion du réel ; reflet plus ou
moins fidèle — minutieux mais généralisant, dirions-nous —,
d'un quotidien rehaussé par le merveilleux et l'hyperbole. Si
l'épopée offre au roman son moule, c'est en raison du processus manifeste de «romanisation de la littérature épique[4]» qui
rejoint, par un syncrétisme tout à fait explicable, l'influence
celtique. L'idéal d'un monde où règnent les valeurs collectives se fond dans celui d'un monde qui permet la valorisation
de l'individu. Le choix des héros de certains romans chevaleresques du XVIᵉ siècle est à cet égard significatif : il s'agit de
personnalités fortes et volontaires, empruntées à l'épopée
(Olivier, Ogier, Fierabras[5]). Mis au goût du jour, affinés, ces

1. Elizar Meletinsky, «Typologie du roman médiéval en Occident et
en Orient», *Diogène*, nᵒ 127, 1984, p. 3.
2. Raimbert de Paris, *La Chevalerie Ogier de Danemarche poème du
XIIᵉ siècle*, éd. J. Barrois, Genève, Slatkine Reprints, 1969.
3. «Je sui uns hom c'on a fair escillier/ De douce France e banir e
cachier/ Che m'a fait Kalles qi France a à baillier/ Ne m'a laissié qi vaille un
seul denier/ Ne borc ne ville, ne castel ne plaissié/ Ne tant de terre où je
pusse coucher/ Callos ses fix ocist d'un esquekier/ Bauduinet mon fil ke tant
oi cher.» (v. 3384-3391, p. 139). Voir aussi v. 4195-4197, v. 4382-4389 et
v. 7257-7265.
4. Michel Stanesco et Michel Zink, *Histoire européenne du roman médiéval*, Paris, PUF, 1992, p. 119.
5. En 1458, David Aubert (fixé à Bruges et attaché à la cour du duc
de Bourgogne) donne une vaste compilation en prose de chansons de geste,
intitulée *Chroniques et conquêtes de Charlemagne*. Entre 1496 et 1583, on dé-
nombre 14 manuscrits des romans d'*Ogier le danoys* ; et, de 1480 à 1600, 28
manuscrits des *Quatre fils Aymon* (voir Richard Cooper, «Nostre histoire
renouvelée : the Reception of the Romances of Chivalry in Renaissance
France», dans *Chivalry in the Renaissance*, éd. S. Angelo, Woodbridge, Boy-
dell Press, 1990, p. 210-211).

héros offrent au public l'image d'une nouvelle chevalerie évoluant dans un décor estompé et accidentel de joutes et de combats, désireuse de faste, de cérémonies et de jeux de toutes sortes. Sous le signe de la nostalgie se perpétue un idéal de cour fondé sur des valeurs primordiales, bien que désuètes (chevalerie, courtoisie, prouesse, largesse, «gentillesse»), qui obéissent désormais à un pressant besoin politique (détourner l'aristocratie de toute velléité d'indépendance et assurer son unité autour de la personne du roi[6]). La vaillance guerrière ne suffit plus au compagnon ou au proche du prince; l'exercice de la vertu, le commerce des dames, les fêtes, les banquets et les tournois lui dévoilent l'aspect plaisant et peu dangereux de la vie, tandis qu'il achève, à la cour, sa transformation de chevalier en un véritable courtisan.

À la fin du Moyen Âge, le genre épique ne sombre pas tant à cause du manque d'inspiration et de la lassitude des redites, mais bien plutôt en raison de cette profonde mutation qui s'accomplit dans la sensibilité et dans la conscience d'une nation vaillante — mutation favorisée surtout par l'adoucissement des mœurs, par le goût du merveilleux féerique plutôt que chrétien et par l'influence celtique qui estompe l'influence germanique. Au moment où les armes changent de main (des chevaliers aux *soudoyers* et aux armées régulières), le monde change d'âge. La mentalité médiévale cède la place à une nouvelle mentalité — humaniste — qui cherche son inspiration dans les thèmes chevaleresques et courtois. C'est ainsi que la noblesse peut encore maintenir un certain empire sur une société qui assiste au conflit perpétuel entre réalité et rêve, réel et idéal, avant de devenir purement décorative, lorsque la sujétion éclipse la vassalité, sous le gouvernement d'un roi puissant et incontesté.

La chanson de geste ne disparaît pas, elle se transforme d'une épopée essentiellement guerrière en un roman où le combat n'est plus la raison d'être d'une caste, mais une aventure individuelle et amoureuse, car ayant découvert la femme comme source de joie, de prouesses et de gloire. L'aventure et l'amour, ressentis comme indissociables et nécessaires, deviennent un but et un moyen; but idéal à atteindre, signant l'aboutissement glorieux de la vie (et la fin du roman); moyen initiatique permettant, d'une étape à l'autre, la découverte et la compréhension d'un monde qui n'est plus stéréotypé et qu'il faut embellir d'une touche de merveilleux, égayer d'une pointe parodique, rehausser d'un avant-goût de psychologie

---

6. Voir Jacques Lemaire, *Les Visions de la vie de cour dans la littérature française de la fin du Moyen Âge*, Bruxelles-Paris, Palais des Académies-Klincksieck, 1994, p. 20-44.

et de morale[7]. L'intériorité du personnage, cachée par l'armure épique, se découvre et engendre l'amour; leur fusion, archétypale parce que dialectique, est la raison de la longévité remarquable du genre romanesque :

> Dès son apparition, le roman a l'ambition de présenter un véritable modèle de l'humanité. Son personnage possède toutes les vertus : noblesse de lignage et de cœur, beauté du corps, bonne éducation, force physique, excellence dans les armes, sens de la justice et de l'honneur. Son univers fait de mesure, de raffinement, de discrétion, du respect de l'autre, mais aussi d'exploits guerriers et virils, d'une vie brillante et fastueuse. C'est un monde chevaleresque et courtois par définition, dont les caractéristiques, dépourvues de toutes manifestations strictement locales et historiques, tendent vers le général et l'universel[8].

À la fin du Moyen Âge, la prise de conscience du déclin de certaines valeurs soutenues par la société aristocratique pousse les écrivains à rechercher, surtout dans les guerres des barons chrétiens contre les infidèles, des types de héros romanesques : Roland, Olivier[9], Charlemagne, Godefroy de Bouillon, Ogier, les quatre fils Aymon. Ces héros épiques, dignes et responsables aussi bien du fonctionnement que de la défense de la société, sont choisis, croyons-nous, non en tant que «représentations vivantes de l'équilibre nécessaire entre la sagesse et la vaillance chevaleresque» comme l'affirme J. Lemaire[10], ni même en tant qu'êtres courageux, mais en vertu de cette graine de folie humaniste, si visible dans l'évolution du personnage d'Ogier. En effet, ce dernier, des prouesses héroïques résultant de la cruauté et d'une folle démesure (dans La Chevalerie Ogier de Danemarche) à la folie érasmienne du Livre des Visions d'Ogier le Dannoys, devient le signe du passage d'une époque à une autre.

Les héros épiques médiévaux, du début jusqu'à la fin de leur existence violente, restent égaux à eux-mêmes, complètement extériorisés, puisque chez eux le paraître égale l'être. Il n'est donc pas étonnant de retrouver en eux un désir d'autoglorification, entraîné par la coïncidence de l'opinion propre du héros avec celle que les autres (comparses ou ennemis)

7. La «raison» (logique interne) et la «verur» (vérité morale) assurent la cohésion romanesque et la spiritualisation de l'amour (Stanesco et Zink, p. 42).
8. Stanesco et Zink, p. 153.
9. «Bertrand fut preus er Ogier adurés» (Chevalerie Ogier, v. 4713, p. 193) rappelle étrangement la prouesse de Roland par rapport à la sagesse d'Olivier.
10. Lemaire, p. 38.

ont de lui. Ainsi, dans *La Chevalerie Ogier*, le personnage éponyme proclame sa loyauté, sa valeur et son courage, en s'adressant à Bertran, messager de Charlemagne : «Mais par la foi que doi à Deu porter/ Se ne laissoie por ma grant loialté/ Et por vo père que je tant amé/ Jamais en France ne porriés retorner [...]» (v. 4560-4563, p. 187) ou à Charlemagne, lui-même : «Ainc ne l'mesfis, si me puist Dex aidier/ Ainçois vos ai servi de cuer entier/ En mainte coite fu por vos mes acier» (v. 6089-6091, p. 249). Ses qualités sont reconnues par tous, notamment par le roi Didier de Pavie, auprès duquel il s'était réfugié : «Sus trestous rois me puis le mis prisier/ Quant à ma cort velt demorer Ogier/ Li bons Danois qi tant fait à prisier/ Le millor prinche qu'ainc montast sor destrier» (v. 4703-4704, p. 192) et par Karaheus, roi persan, s'adressant à son Amiral : «Le fil le roi avomes encontré/ Millor de li ne puet armes porter/ Fors seul Ogier li Danois d'outre mer.» (v. 1410-1411, p. 59.)

Dans le premier livre des *Visions d'Ogier*, le même désir d'auto-glorification est visible dans le discours que fait Ogier (rajeuni et devenu l'époux de la fée Morgue) aux «peuples assemblez», mais sur un autre ton, peut-être même sur le modèle du discours de Folie d'Érasme :

> [...] pour virilement/ Entretenir ma grand chevalerie/ et mon antique et noble seigneurie/ Dont mon renom sur tous les autres marche/ En decorant le lieu de Dannemarche/ Ou j'ai assez ma proesse espandue/ Là, et en France ou elle est entendue/ Par le recit des assaultz et alarmes/ Ou l'on a veu tonner mes fortes armes[11].

L'intention même de l'auteur, exprimée clairement, est d'illustrer, par son roman, les vertus idéales de l'homme de son temps : félicité d'un esprit aristocratique, sagesse, gloire ; «une tranquillité/ Donnant exemple à sa postérité» (*Livre des Visions*, p. hiij).

L'évolution du héros épique vers le héros chevaleresque est surtout visible dans la motivation et la conduite du personnage au moment du combat. Si l'Ogier de la chanson de geste est un intraitable révolté assoiffé de vengeance, celui du *Livre des Visions* entreprend plutôt des exploits individuels et esthétiques, auxquels son «code» même le destine : combats merveilleux contre les *luitons* et les géants d'un présent magique, ou guerre contre le traître Melchior qui veut le tuer. Ogier et ses chevaliers poursuivent ce dernier et assiègent son château

---

11. *Le Premier Livre des Visions d'Ogier le Dannoys au royaulme de Fairie*, 1542, p. cij.

fort. Melchior est aidé — autre souvenir épique — par
100 000 combattants conduits par «deux empereurs/ de Barbarie et Scyte conquereurs» (*Livre des Visions*, p. ij). La description des coups portés nous transporte brutalement du monde
chevaleresque plein de liesse au monde barbare de la folie
guerrière. L'assaut dure sept ans[12]; le Danois se retire, s'occupe de son fils, auquel il donne, par le maître, une éducation
humaniste, le savoir et la sagesse; mais il lui apprend aussi à
lutter, lui donne «l'accollée» et l'envoie en quête d'aventure
et donc de gloire. L'idée humaniste de la tolérance se fait jour
dans les paroles de Melchior prisonnier qui affirme son besoin de pitié humaine et divine («Ung cueur humain à mercy
me doibt prendre» [p. miij]). Le héros chevaleresque, indivi-
dualisé et représentatif, appartient à un fonds international
commun de types, tandis que le héros épique relève exclusivement du fonds national. La reprise du même héros dans un
cadre narratif différent signale donc une évolution, une transformation; et comme les aventures sont un reflet de «l'aventure intérieure», le changement de mentalité est visible dans
celui du type d'aventure. L'activité purement guerrière devient, généralement dans le *Livre des Visions*, une aventure
galante. La volupté est présente partout au royaume de *Fairie*:
amour, soulas, liesse, musique, festins. Le don de soi de Morgue
est tempéré par la sagesse des liens «divins» du mariage. Tout
moment heureux y est occasion de festin: l'arrivée d'Ogier,
son mariage, sa victoire et le baptême de son fils. Dans une
atmosphère de joie et de contentement, que l'auteur ne se
lasse pas de souligner, des fées récitent, chantent et dansent et
l'on y goûte aux mets les plus délicieux. Les sorties guerrières
de cet univers empreint de volupté, de mollesse et de paresse
semblent autant d'avertissements contre le danger de s'y enli-
ser, et de rappels d'une sagesse qui n'est peut-être que celle
du paraître.

   L'espace aventureux se vide de sa substance, n'est plus
nécessaire au récit, en permettant le voisinage des humains et
des fées (ou d'autres êtres fabuleux); la coïncidence du dé-
paysement et du quotidien souligne ce jeu subjectif avec le
temps, fait d'extension, compression, omission. Le thème traditionnel de la fée qui attire un mortel dans une île merveil-

---

12. Dans la *Chevalerie*, Ogier est continuellement en proie à la fureur
meurtrière : «Qui dont véist le bon Danois Ogier/ Desus païens férir e ca-
ploier/ Et chaus de France, baron et chevalier/ Plus de sept cens en i ot
détrenchiés» (v. 1292-1295, p. 54). Voir aussi le massacre d'Ami et Amile qui
n'étaient pas armés (p. 241-242). Castel-Fort avait été donné à Ogier par le
roi Didier. Le siège du château d'Ogier par Charlemagne dure aussi sept
ans : «Tant sist li rois au castel de la Marche/ Sept ans i sist par vent et par
orage/ Enserré ot Ogier de Danemarche» (v. 8507-8509, p. 344).

leuse se place naturellement, dirait-on, dans un contexte historique ou voulu comme tel[13]. L'ajout du fantastique, de la
parodie, de l'humour annihile la distance épique ; la solitude
et la démesure ne sont plus les caractéristiques d'Ogier.
Le roman est l'histoire des femmes, et il est certain que
la mutation génétique qui a entraîné l'épopée du côté du
roman — déclenchée par l'introduction de l'Éros dans la
quête du héros — ne doit aucunement être envisagée comme
un prétexte littéraire. Le héros épique, qui se révèle par la
suite insatiable d'exploits guerriers, est remplacé par un héros
romanesque qui se dévoile dans des aventures chevaleresques,
galantes, teintées de merveilleux, parfois parodiques. Le passage s'effectue aussi d'un réel connu, immuable, d'un passé
absolu et parfait (une histoire à laquelle on ne pourrait rien
changer d'essentiel) à un possible envisageable, s'ouvrant sur
l'avenir (une histoire qui se fait par la jeunesse, l'enchantement, le dépassement de soi, l'espoir et le rêve — et dont *Le
Livre des Visions* est une illustration éloquente). Ce qui définit
le roman, c'est l'expérience, la connaissance, la pratique, cette
exaltation de l'individuel dans un processus initiatique. Si la
tradition chrétienne est une source d'inspiration pour les lé-
gendes hagiographiques, la matière de Rome pour les romans
antiques, les matières carolingienne et arthurienne pour les
romans chevaleresques, c'est parce que la méthode de création narrative la plus commune, à ce moment de l'évolution
de l'humanité (et pour des raisons qu'on ne pourrait envisager sans sortir du cadre étroit du présent article) est le
développement, l'enrichissement, « l'accommodation » d'une
matière héritée. L'apparition du roman répond aussi à celle
du lecteur (qui remplace l'auditeur), la demande de romans
chevaleresques de la part du public étant mise en évidence
par de nombreuses impressions. On présente les événements
dans la contemporanéité, accordés aux valeurs de la société
du temps tout en permettant le libre accès au rêve et à l'affabulation et en faisant appel aux sentiments personnels, mais
en prenant également en compte le jugement du lecteur.
Le roman chevaleresque tardif met à profit, sous le signe
de la profusion, une tradition narrative de longue date (épique, celtique, etc.) mais conserve une individualité incontes-
table grâce, d'une part à cette valorisation de l'individu dans
une aventure-initiation que l'on retrouve également dans le
roman courtois médiéval, mais aussi grâce à la découverte de

---

13. Une même situation se retrouve déjà dans *Partonopeus de Blois*
(avant 1188), (Stanesco et Zink, p. 80-81).

l'être sous le paraître : l'amour, la volupté, la tolérance, la sagesse.

Le *Tristan* de Pierre Sala : entre roman chevaleresque et nouvelle

PIERRE SERVET

Édité pour la première fois en 1958 par Lynette Muir[1], le *Tristan* de Pierre Sala n'a jamais connu les honneurs de la critique, ni rencontré beaucoup de lecteurs : jadis, dans les années 1525-1529, date probable de sa rédaction, parce que son auteur ne tenait pas l'imprimerie en estime suffisante pour lui confier ses manuscrits ; aujourd'hui parce que ce roman, à la frontière de deux mondes, n'intéresse les spécialistes ni de l'un, ni de l'autre. C'est pourtant cette position intermédiaire entre le Moyen âge et la Renaissance qui fait tout son prix. Personne n'ignore plus que «loin de tout écart simpliste, de tout changement, de toute opposition radicale, l'ancien et le nouveau s'interpénètrent, s'harmonisent, se soudent[2]». Tout nostalgique de la vieille littérature qu'il ait pu être, Sala subit, *volens nolens*, l'influence de formes narratives plus modernes. Ainsi, malgré un vigoureux ancrage dans le roman médiéval chevaleresque, ce nouveau *Tristan* se laisse çà et là contaminer par les thèmes et l'esthétique de la nouvelle.

---

1. Pierre Sala, *Tristan*, éd. Lynette Muir, Genève-Paris, Droz-Minard, 1958.

2. Lionello Sozzi, «La nouvelle française au XVᵉ siècle», *Cahiers de l'Association internationale des études françaises*, nº 21, 1971, p. 67.

Tristan n'était pas pour Sala un coup d'essai arthurien.
Quelques années plus tôt, probablement en 1522, il avait
écrit, en l'honneur de la venue à Lyon de François Iᵉʳ, un
Chevalier au lion directement inspiré du roman de Chrétien de
Troyes³, où se manifestait déjà son goût pour la littérature
romanesque. C'est pourtant une tout autre ambition que révèle son *Tristan* et il faut voir un simple cliché dans ce propos
de l'auteur qui, dès l'exorde, remercie le roi de lui avoir
donné le livre du «vieil Tristan» (v. 5, p. 27). De quel livre
s'agit-il? D'un livre peut-être aussi imaginaire que celui qu'in-
voquent souvent les romanciers du Moyen âge, Chrétien de
Troyes à leur tête, aussi bien pour flatter leur protecteur
qu'afin d'éviter un reproche de futilité en s'étant laissés aller
à inventer une histoire ou en ayant fait confiance à des
sources purement orales. Sala connaissait trop bien certaines
œuvres de Chrétien pour que l'on accorde grand crédit à ses
propos, d'autant plus que son roman ne paraît pas reposer sur
un seul livre. Les jeux de l'intertextualité sont en effet nombreux, et les notes de l'éditrice s'avèrent fort utiles pour nous
guider dans ce dédale littéraire.
　　Pour suivre l'inspiration de Sala, il faut solliciter les
grands cycles en prose de Tristan et de Lancelot, mais aussi
bon nombre de romans de moindre ampleur. Citons, au hasard, *le Conte du Graal, le Chevalier au lion, la Quête du Saint-
Graal, Giglan...*, ainsi que la *Tavola Ritonda*, une compilation
italienne du XIVᵉ siècle avec laquelle l'œuvre de Sala présente
d'étroites ressemblances. Toutes ces histoires, ces motifs, voire
ces personnages, étaient alors le bien commun des écrivains et
l'on peut légitimement penser que telle ou telle des corres-
pondances repérées par Lynette Muir relève davantage de
cette large circulation des mythes chevaleresques que de l'intertextualité volontaire.
　　Le lecteur un peu pressé distinguera d'autant moins ce
Tristan d'autres romans d'aventures que Sala a convoqué tout
le personnel romanesque de cette littérature. Autour de Tristan et de Lancelot, dont le roman dépeint l'exemplaire amitié, on trouve bien sûr, dans le premier cercle, Guenièvre,
Iseut et le roi Marc, puis Gauvain et le roi Arthur, aussi curieux de découvrir qui se cache sous le froc de deux moines
batailleurs qu'il l'était de tenter l'épreuve de la fontaine dans
le Chevalier au lion. Et voilà encore Perceval le pur, qui vient
secourir Tristan aux prises avec de démoniaques adversaires,
Dinadan, dont la parole décapante paraît jouer le même rôle
que dans le *Tristan en prose*. D'autres personnages, plus fugitifs,

3.　Voir notre édition de ce roman à paraître chez Champion.

passent comme des ombres : Merlin, Keu le sénéchal, Lionnel
le cousin de Lancelot, la dame de Noroison, Yvain et encore
d'innombrables chevaliers de la Table ronde : Dodinel le Saul-
vaige, Sagremor le Desree, Palamede, Erec, Blioberis... Les
personnages anonymes qui peuplent le récit désignent également *Tristan* comme un roman chevaleresque traditionnel :
les chevaliers félons se succèdent; bon nombre d'émissaires
du diable s'incarnent dans le corps d'une belle demoiselle; les
deux héros rencontrent une bonne demi-douzaine de nains,
affrontent des géants, et même des «geandes», mais trouvent
le réconfort moral et physique auprès de bons ermites.

Le cadre et les motifs ne sont pas moins stéréotypés.
Parti de Tintagel, Tristan finit par y retourner, mais ne retrouve la ville et la femme de son oncle qu'après avoir subi
une épreuve merveilleuse : il doit se précipiter dans un lac
pour y poursuivre un chevalier. On aura reconnu sans peine
l'univers enchanté de la Dame du Lac. Entre-temps, Tristan et
Lancelot ont vécu de nombreuses péripéties qui les ont menés
à travers d'épaisses forêts, cet espace abstrait du roman
d'aventures qui ne s'ouvre que pour laisser entrevoir des
places fortes au nom évocateur : la Roche Enrragee (§ 89), la
Roche aux Geans (§ 117)... ou des fontaines propices à toutes
les merveilles. Que de fontaines au cours de ce périple! L'influence du *Chevalier au lion* se fait là encore sentir, mais ce
n'est pas le seul motif que notre auteur emprunte au poète
champenois. Sur le modèle du combat qui opposait, à leur
insu, Yvain et Gauvain, Sala a multiplié ces rencontres où deux
amis s'affrontent sans se reconnaître immédiatement. Dès le
chapitre II, Tristan et Lancelot entament une joute qui va
sceller leur amitié; plus tard, au chapitre XVIII, c'est Lancelot,
qui doit, dans l'un des rares combats que lui concède l'auteur,
affronter Blioberis; vers la fin du roman (§ 313-315), Tristan
croise le fer avec son ami Bertrand de la Roche. Par ailleurs,
on ne compte plus les batailles que mène Tristan sans dévoiler
son identité à son adversaire, sinon au moment où ce dernier
s'apprête à rendre l'âme. Tous ces motifs narratifs abondent
dans la littérature chevaleresque; l'un d'entre eux, particulièrement récurrent dans *Tristan*, provient de *la Quête du Saint-
Graal*: la rencontre du héros avec des demoiselles maléfiques.
La première d'entre elles vaut à Lancelot d'être emprisonné à
la Roche Aulter (chap. VI) ; pour lui avoir laissé croire que son
ami était mort, la seconde manque faire mourir Tristan de
douleur (chap. VIII) ; et la troisième, afin d'attirer les héros
dans un piège, feint d'être violée par un moine, lui-même
émissaire du diable (chap. XXIII).

Combats, emprisonnements, embûches en tous genres
se dressent donc sur la route de Tristan et de Lancelot,

comme sur celle de tous les chevaliers errants des romans
d'aventures. Pourtant l'accumulation de ces motifs, leur répétition, voire la pointe de dérision que l'on finit par déceler
derrière l'apparente fidélité aux clichés — que l'on songe
seulement à cette dernière demoiselle aux prises avec un
moine —, laissent un doute dans l'esprit du lecteur. Et si ce
roman d'aventures ne l'était que par son enveloppe, cachant
en son sein les germes d'une remise en question des valeurs
qui fondent ce genre littéraire ? Et si, malgré les apparences, il
n'était pas illégitime d'apparenter l'ouvrage de Sala à un
recueil de nouvelles ?

Bien des points devraient pourtant écarter *a priori* cette
perspective : la nécessaire brièveté des nouvelles et l'actualité
des faits qu'elles rapportent suffiraient à mettre en cause la
validité de l'entreprise[4]. Mais par-delà les critères formels qui
définissent les nouvelles, d'autres analogies, plus thématiques
et plus manifestes, se laissent entrevoir. Étudiant les *Cent Nouvelles nouvelles*, Jean Dufournet insiste sur la «faillite des valeurs» qui caractérise ce recueil du XVe siècle[5]. Cette visée
critique se manifeste par une pratique de l'intertextualité qui,
s'attachant à divers codes, les remet en question : codes chevaleresques et courtois principalement. Lionello Sozzi avait déjà
mis en relief cette volonté démythisante de la nouvelle, mais
ajoutait que l'ironie touchait aussi la peinture de la vie ecclé-
siastique, conventuelle en particulier[6]. Faillites de la chevalerie, de l'amour, de la pratique monacale : trois points sur
lesquels il convient maintenant d'interroger *Tristan*.

Malgré les nombreux combats décrits dans ce roman et
dont on peut certes croire qu'ils sont l'effet de l'enthousiasme
arthurien de son auteur[7], une légère dérision atteint cependant le monde chevaleresque à travers ses plus illustres repré-
sentants. Parangon des vertus de la chevalerie, Lancelot est ici
réduit au rang de faire-valoir. Sans cesse, il s'efface devant
Tristan et c'est à peine si on le voit affronter par les armes un
autre adversaire que celui qui va devenir son ami. Se présente-
t-il une occasion de combat que le fils de la Dame du Lac
s'empresse de demander à Tristan s'il veut engager la joute,

4. Pour une définition des critères constituant le programme de la
nouvelle, voir Gisèle Mathieu-Castellani, *La Conversation conteuse. Les nouvelles de Marguerite de Navarre*, Paris, P.U.F., 1992, en particulier les deux
premiers chapitres, p. 7-39.
5. Jean Dufournet, «Faillite des valeurs et fuite du sens dans les *Cent
Nouvelles nouvelles*», dans *Nord*, n° 25, juin 1995, p. 41-50.
6. Lionello Sozzi, «La nouvelle...», p. 78-84.
7. Voir Lynette Muir, «An Arthurian Enthusiast in the 16th Century :
Pierre Sala», *Bulletin bibliographique de la Société internationale arthurienne*,
n° 13, 1961, p. 111-16.

« car Lancelot vouloit tousjours bien donner l'honneur a Tristan » (§ 159). Il en vient à n'être plus que l'écuyer de son ami : au moment du combat contre l'Amorat, Lancelot est là, toute honte bue, tenant l'étrier du cheval de Tristan, ce qui fait rougir ce dernier (§ 203). Effet de l'amitié, dira-t-on, mais à multiplier ainsi les situations où Lancelot n'est que spectateur du combat, Sala porte un coup au mythe qu'il incarne. De là à le présenter sous un jour ridicule, le pas est vite franchi. Au chapitre VI, Lancelot rencontre une demoiselle infernale qui dérobe sa monture, son bouclier et son épée (§ 58). Voilà le héros obligé de cheminer à pied, deux jours durant, sans nourriture. Deux chevaliers s'avancent alors et Lancelot ne doute pas un instant d'obtenir d'eux quelque secours. Peine perdue, tous deux « se gabberent moult de luy et le tindrent a moult maulvais d'avoir son cheval laissé perdre » (§ 59). Puis, alors qu'il a retrouvé ses armes, la demoiselle les lui cache à nouveau et Lancelot, cerné par des valets, ne peut que jouer des poings avant de succomber sous le nombre (§ 60) et d'être, tel un chien, attaché par une longue chaîne qui lui permet à peine d'aller et de venir dans sa prison. Ce n'est pas le seul combat de chiffonnier qu'il doit mener. Peu après, il est en effet empoigné aux cheveux par un adversaire qui pensait qu'ainsi entravé, il n'oserait pas se défendre. Lancelot le tue en le précipitant à terre (§ 104), ce qui lui vaut d'être mis aux fourches.

Tristan n'échappe pas non plus à quelques piques de l'auteur et, par son intermédiaire, c'est en fait la nature même du combat chevaleresque qui peut devenir cocasse. Telle comparaison ou telle expression imagée, destinée à peindre l'ardeur guerrière de Tristan, laisse parfois une impression étrange : ici, il frappe son adversaire avec tant de vigueur que « sa bouche en escumoit » (§ 167) ; ailleurs, il affronte un géant et lui donne « ung grant coup parmy le ventre, de sorte qu'il luy feist sortir les boyaulx du ventre en la place » (§ 123) ; puis c'est au tour de Lancelot, face à un autre géant, de le frapper « sur le gros os de la jambe tant qu'il feist tumber par terre » (§ 123). Tout cet épisode, où les héros se battent aussi contre une *geande*, est traité sur un mode comique et réaliste, qu'autorise sans doute la nature des adversaires, mais qui rejaillit sur la joute chevaleresque elle-même. Bon nombre de combats semblent en outre avoir pour origine le même motif, dont la futilité, à force d'être répétée dans des termes souvent identiques, finit par rendre dérisoire l'affrontement : Tristan ou Lancelot, sommés de décliner leur identité à des chevaliers de rencontre, refusent d'obtempérer et engagent le combat. Pour quelques demoiselles, que nos héros veulent sauver, que de batailles entreprises ! Quand les aventures se font rares,

tout est prétexte au combat. Le propos d'une demoiselle à
Lancelot résume bien l'état du monde aventureux :

> — Dictes doncques, feist elle, fustes vous oncques en ce pays?
> — Si m'aist Dieu nom faict, dit Lancelot. — Et de ce pays
> [que] vous semble? dit elle. — En nom, dit il, de Dieu, je n'y
> voy encor que tout bien, mais j'ay ouy compter qu'on y trouve
> mainte belle adventure. — Voirement, dit la damoiselle, l'on y
> en trouve largement qui les sçait sagement querre. Et entre
> aultres en y a une moult bonne pour vous, si la sçavez sage-
> ment prandre. — Quelle est elle? dit Lancelot. — En nom
> Dieu, sire chevalier, c'est moy qui me présente a vous pour
> faire vostre volunté, car je vous ayme en bonne foy plus que
> nul aultre chevalier. (§ 66)

Si pareils propos n'émanaient que de la bouche des demoiselles maléfiques, le mal ne serait pas bien grand, mais en
réalité, c'est à peu près le discours que tiennent toutes les
femmes dans *Tristan*. L'amour qui s'y déploie trouve des racines plus fermes dans les nouvelles que dans l'éthique courtoise. Sala adopte en effet le ton de dénigrement que la
nouvelle emprunte aux fabliaux : créatures au tempérament
ardent, les femmes semblent n'avoir d'autre but que de jouir
effrontément du premier mâle venu, pourvu qu'il soit d'un
physique engageant.

C'est en contemplant la beauté de Lancelot que la demoiselle, que l'on vient de voir s'offrir à lui comme une belle
aventure, «fust tant surprinse d'amour qu'elle conclud dedans son cueur qu'elle ne partiroit de leans qu'elle n'eust
faicte sa volunté» (§ 65). Le physique de Tristan ne laisse pas
davantage indifférentes les dames : à peine a-t-il délivré une
jeune fille des cinq chevaliers qui voulaient la déshonorer que
celle-ci s'enflamme en le voyant «en pur corps» (§ 77). La
convoitise la saisit et, sans la «craincte qu'elle eust de son
pere, elle l'eust mené en sa chambre, pour avoir sa volunté»
(§ 78). Le drame de ces jeunes femmes, c'est de brûler de
désir pour des hommes qui ne s'en rendent même pas
compte : «Lancelot qui ne pensoit fors de suyvre et fournir sa
queste et trouver son amy, en ceste amour ne prenoit garde»
(§ 65) ; «En ce desir que je vous dis, fut toute la nuyt la
damoiselle, et Tristan fust moult bien couché et soy reposa en
son aise» (§ 78). Sala met ainsi en scène une situation courtoise inversée : une dame ardente à côté d'un bel indifférent.
Si la honte et la jeunesse retiennent ces deux femmes de
déclarer plus avant leur amour, d'autres, Lucie la Blonde et
Desiree, n'ont pas ce genre de scrupules. Femmes mariées ou
en passe de l'être, elles n'ignorent rien des plaisirs qu'un
corps si avantageux, entrevu au moment où les chevaliers sont

désarmés, peut leur offrir : la jouissance. Sans risque d'exagé-
ration, on peut dire qu'elles n'ont d'autre mot à la bouche.
Attablé avec Taur et son épouse Lucie, Tristan laisse béantes
d'admiration une vingtaine de demoiselles :

> Moult regardoient la grant beaulté de Tristan toutes ses pu-
> celles et se disoient l'une a l'autre que trop seroit la dame
> heureuse qui d'ung si tres bel chevalier pourroit joÿr a son
> volloir, mais qu'il l'eust en son cueur mys. (§ 170)

Les rêves de Lucie ne sont guère différents, mais devant
l'incapacité de Tristan à deviner le sentiment qui l'anime, il
lui faut se résoudre à déclarer sans ambiguïté sa passion : «Il
fault que de vostre corps j'en joysse ou je suis morte» (§ 174).
Pour sa part, Desiree peut caresser l'espoir d'obtenir ce
qu'elle convoite. Il suffit en effet à Tristan de tuer en combat
singulier son prétendant, car «il luy estoit advis qu'elle jouy-
roit de Tristan si l'Amorat pouvoit mourir» (§ 205). Le verbe
jouir est bel et bien conjugué à tous les temps et Sala nous
donne une singulière image de l'amour, puisée dans les recueils de nouvelles, dans les chansons, et dans les vieux fabliaux peut-être, mais sûrement pas dans la littérature
courtoise, dont il bouleverse les motifs. Certains personnages
semblent d'ailleurs directement issus de ces genres littéraires
caractérisés par leur trivialité : pour assouvir sa passion,
Desiree fait appel à une vieille femme chargée de la conduire
jusqu'à la tente des deux héros. C'est en feignant de «la
mener aux necessaires» (§ 201), que cette digne descendante
d'Auberee, cette préfiguration de Macette, parvient effectivement à conduire sa maîtresse auprès de Tristan. Celle-ci
demeure stupéfaite devant «le beau visaige de Tristan et sa
blanche chaire et ses beaulx bras gros et nerfvéz». Passe pour
le visage et la carnation blanche, encore dans la logique du
portrait courtois, mais il est difficile de justifier les gros bras,
sinon par une intention comique. Sala use du même procédé
lorsque, commencé sur un mode emphatique, le propos de
Desiree s'achève dans un sous-entendu grivois (§ 201) :

> Or congnois je maintenant qu'il est vray ce que m'avez dit, car
> je voys a mes yeulx la plus tres belle creature que l'on pourroit
> au monde veoir. Regardez ung peu ses beaulx membres seulle-
> ment ce qui est apparent, pensez comme les aultres sont.

Dans ces épisodes qui se suivent et sont curieusement
redondants, comme si par leur répétition Sala avait cherché à
souligner l'ironie de son regard sur l'amour, les deux hé-
roïnes succombent à leur passion, mais loin de leur donner

une dignité tragique, la mort les enferme définitivement dans un rôle burlesque. Celle de Lucie la Blonde est franchement cocasse, voire un peu triviale : apprenant le nom de celui qu'elle aime et qui la rejette, « elle acolla Tristan et entresarra ses deux mains estroictement dessus son col et se joignist a son estomac de tant de force qu'elle peust » (§ 177). Ému par ce spectacle, le pauvre Tristan « plouroit si amerement que les draps de la dame trespassee en estoient ja tous moilléz ». Il faudra l'aide de Lancelot pour séparer les mains de Lucie et délivrer ainsi Tristan. Puis, à l'instar des cadavres encombrants dont il faut bien se débarrasser, le corps est transporté dans la tente du mari profondément endormi. Quant à la mort de Desiree, elle relève davantage de l'emphase ironique que du burlesque : refusée par Tristan, elle se rend à l'endroit où gît son prétendant, vaincu par le héros, et après un discours de repentance adressé à son ami mort, « se laissa cheoir sur luy ; en l'embrassant fermement luy va partir l'ame du corps » (§ 211).

Pierre Sala manifeste plus d'égard aux maîtresses de ses héros : Iseut et Guenièvre ne sauraient agir comme des femmes de nouvelles. Leur rôle dans le roman n'en sera que plus réduit. L'amour de Tristan et d'Iseut, qui n'a ici rien de magique et de fatal, ne paraît pas reposer sur l'existence d'un philtre, dont le narrateur ne fait aucune mention, et Brangien, fidèle confidente de la reine, n'est pas loin de servir d'entremetteuse. Elle joue les intermédiaires entre les deux amants, rôle qu'elle accomplissait déjà dans les versions précédentes, mais dont elle s'acquitte ici sans arrière-pensée. Aucune rivalité, aucun soupçon n'entache l'amitié de ces deux femmes qui, si elle était développée, ferait pendant à celle des héros ; la suivante n'hésite pas à badiner avec sa maîtresse qui reconnaît ses grands mérites :

> Dame, je vous ameyne tout pris, vostre larron Tristan, pour le tenir en voz prisons. — Je vous remercie, dit la royne, ce n'est pas le premier bienfait que j'ay receu de vostre main ; Dieu vous en rende le merite.

De quel service s'agit-il ? Est-ce une vague allusion au philtre ou simplement à ce rôle d'entremetteuse qui sera nettement le sien dans le Nouveau Tristan de Jean Maugin[8] ? Quoi

8. Voir Laurence Harf-Lancner, « Tristan détristanisé : Du Tristan en prose (XIIIe siècle) au Nouveau Tristan de Jean Maugin (1554) », dans Nouvelle revue du seizième siècle, 1984, no 2, p. 5-22. On peut se demander si le Tristan de Sala ne constitue pas un chaînon intéressant qui expliquerait en partie le Nouveau Tristan. Une comparaison des deux textes permettrait peut-être de tirer au clair la nature de ce « vieil Tristan » dont parle Sala dans son exorde en vers.

qu'il en soit, les deux reines sont confinées aux marges de ce roman et, lorsque Sala consent à réunir les deux plus célèbres couples de la littérature médiévale, l'amour qu'il dépeint n'a plus rien d'exceptionnel.

Ces deux femmes sont, comme les autres, impressionnées par la beauté de leur amant, et aussi ardentes à jouir de leur corps, même si c'est avec davantage de retenue : à la demande d'Iseut, Tristan ôte son «grant froc» de moine, et quand les amants «si reffurent entrebrasséz encor une bonne heure en toute joye et deduict, ilz eurent contentéz leurs appettiz a celle foys» (§ 250) ; quant à la reine Guenièvre, elle n'a de cesse d'obtenir la pareille de Lancelot : «elle se despoulla toute nue et s'en alla mectre entre les bras dedans ce tant beau lict ou ilz prindrent leur passetemps jusques au point du jour» (§ 307).

Dans ce *Tristan*, l'amour relève davantage de la satisfaction d'un besoin physique que de la soumission à la morale courtoise. Le mot *courtoisie* ne manque cependant pas d'être employé par tous les personnages. Les héros l'utilisent pour faire appel au *fair-play* de leurs adversaires, mais Sala paraît avoir pris un malin plaisir à faire échouer toutes ces tentatives de conciliation entreprises au nom de la courtoisie. Ainsi, lorsque Lancelot, dépouillé par une demoiselle, voit arriver les deux chevaliers, il «se va penser qu'il pourroit avoir quelque courtoisie» en eux (§ 59) : or, leur première réaction est de se moquer de lui. Plus tard, tandis qu'il chemine en forêt avec Tristan, une jeune femme sollicite les deux héros, «par courtoisie et honneur» (§ 266), de bien vouloir la délivrer d'un moine qui s'efforce de la violer. Bien mal leur en prend de l'aider, car il s'agit, on le sait, deux envoyés du diable. On pourrait multiplier les occurrences de cet emploi ambigu du mot *courtoisie*. Ce faisant, Sala s'inscrit dans une pratique littéraire devenue monnaie courante dans les recueils de nouvelles qui prennent volontiers pour cible l'amour, à la fois le sentiment et sa représentation. Lionello Sozzi a bien analysé cette dégradation du langage courtois dans les *Cent Nouvelles nouvelles*, où «une attitude *courtoise* de la part d'une femme est toujours une attitude dévergondée[9]». Sala ne mène pas la démythification aussi loin, car son livre ne se présente pas comme un ensemble de nouvelles, bien qu'il en ait parfois la tonalité. Ce n'est en tout cas pas la peinture qu'il fait des moines qui le remet dans l'horizon d'attente du roman.

Le monde religieux est présent sous un double visage, celui du bon ermite et celui du moine. Le premier, directement issu de la tradition littéraire du roman d'aventures, où

9. Lionello Sozzi, «La nouvelle...», p. 81.

sa représentation est presque uniformément positive, figure
dans deux chapitres du roman. Au chapitre V, un ermite ac-
cueille les deux amis qu'un ange vient d'inciter à quitter leur
vie adultère pour faire pénitence (§ 46), les confesse et pré-
vient Lancelot qu'il engendrera un fils destiné à mettre fin
aux aventures du royaume de Logres (§ 49). Son rôle, au
début du roman, réoriente la démarche chevaleresque des
héros, et l'annonce de la naissance de Galaad inscrit ce personnage au cœur de la geste arthurienne. Le second ermite
relie également le roman au monde chevaleresque, mais cette
fois à la geste de Tristan : cousin du roi Meliadus, le père de
Tristan, il s'est fait ermite en apprenant qu'ici même, dans cet
ermitage, se présenterait un jour l'héritier du roi qui devien-
drait la fleur des chevaliers de ce monde. La prophétie est
accomplie avec l'arrivée de Tristan. Rôle donc qualifiant et
très solennel que celui de ces deux ermites, et en parfaite
opposition avec celui des moines. Leur antagonisme est d'ailleurs souligné par le second ermite qui invite Tristan à abandonner le scapulaire dont il s'est déguisé, «car tel habit luy
desplaisoit» (§ 286).

Moins univoques à la grande époque du roman d'aventures que les ermites, les moines des nouvelles sont cependant
presque toujours bien noirs. L'esprit de la Réforme souffle sur
le portrait qu'en font ces contes qui, en outre, les affublent de
certains défauts des prêtres de fabliaux. Sala n'échappe ni à
l'esprit de son temps ni à l'influence de la nouvelle. Pour
obtenir des rendez-vous avec Iseut, Tristan et Lancelot n'hési-
tent pas à revêtir le froc des moines. Qui du chevalier ou du
moine subit la plus grande dégradation? On ne saurait le dire
dans un roman où les uns et les autres sont tout autant mal-
menés. En revanche, la manière dont les chevaliers qui rencontrent ces faux moines s'adressent à eux évoque un roman
peu amène à l'égard de ces religieux, le Petit Jehan de Saintré,
d'Antoine de la Sale[10]. Roman ou nouvelle? La critique classe
avec difficulté cet ouvrage dont les dernières pages sont im-
prégnées de l'esprit de la nouvelle, quand le reste de l'œuvre
relève nettement du roman d'apprentissage. La fin de l'œuvre
met en scène un abbé charmeur et batailleur, volontiers cynique, que l'on nomme constamment «Damp Abbé». Or c'est à
peu près ainsi que Tristan est appelé par les chevaliers,
«Damp moine» (§ 218, 221, 227...). Sala avait probablement
lu ce roman qui, comme le sien, présentait une vision très
ambiguë de l'amour et de la chevalerie, dressait un portrait

10. On lira ce roman dans la récente édition de Mario Eusebi, Saintré,
Paris, Champion, tome 1, 1993; tome 2, 1994.

sombre des moines et constituait aussi l'œuvre testamentaire de son auteur. Les moines sont également représentés par celui qui s'efforce de violer une recluse (§ 264). Même s'il s'agit d'un émissaire du diable, le costume choisi est significatif. Quant à la recluse, tout aussi perfide, elle accuse à leur tour Lancelot et Tristan, toujours déguisés en moines, d'avoir cherché à la déshonorer. Arthur ne montre pas d'étonnement, pensant «qu'ilz n'estoient mye chevaliers, ains deurent estre quelques moynes irréguliers lesquels avoient laissé leur abbaye» (§ 273).

Manifeste dans la mise en œuvre d'une certaine «faillite des valeurs», l'influence de la nouvelle paraît plus difficile à déceler dans la forme même du *Tristan*. Brièveté, simplicité de structure, fiction d'oralité, histoire-cadre, ancrage réaliste, exemplarité... : parmi les constantes formelles du genre, si tant est que l'on puisse les affirmer telles, quelles sont celles qui, de près ou de loin, trouvent une correspondance dans le récit?

Même s'il ne s'agit pas d'une constante, mais plutôt d'une conséquence de la volonté de ne pas lasser le lecteur, la brièveté n'est à l'évidence pas de mise dans *Tristan*, pas plus que la simplicité de la structure. à la faille initiale, marquée par la dénonciation des amours d'Iseut et de Tristan auprès du roi Marc, fait écho le *happy end* final à Tintagel; de même, le second ermite valide la quête chevaleresque de Tristan que le premier avait engagée; enfin, d'épisode en épisode s'affirme l'amitié des deux héros. La composition soignée de ce roman, dont nous ne donnons là qu'un faible aperçu, a été bien mise en lumière par A. D. Mikhailov[11]. Pourtant, *Tristan* se laisse aisément découper en micro-séquences, dont certaines, par leur structure simple, leur redondance, mais aussi par leur tonalité humoristique, appellent un rapprochement avec la nouvelle. Ainsi, les deux épisodes (chap. XV et XVI) où une femme réclame l'amour de Tristan et meurt faute de l'avoir obtenu, sont bâtis sur une structure élémentaire telle qu'on peut la dégager des catégories de Propp[12] :

— Le héros doit accomplir une tâche difficile (abattre une mauvaise coutume, livrer une bataille).

— Il accomplit sa tâche.

11. A. D. Mikhailov, «Legenda o Tristane i Izol'de i ee zavershenie (roman de P'era Sala *Tristan*)», dans *Philologica : issledovaniia po ia zyku i literature*, Leningrad, 1973, p. 261-268.
12. Vladimir Propp, *Morphologie du conte*, Paris, Point, Seuil, 1970. Voir aussi Marie-Madeleine Mathieu-Castellani, *La Conversation conteuse...*, p. 28 sqq.

— Son identité est dévoilée et il termine l'aventure avec magnificence.

Schéma simple de deux aventures qui, tout en conservant une forte autonomie, s'intègrent dans la logique de l'œuvre : on peut y voir des épreuves envoyées au héros ; schéma également tout médiéval par cette volonté du héros d'effacer une mauvaise coutume ou cette obligation de participer à un tournoi destiné à prouver la valeur d'un amoureux orgueilleux (on songe au tournoi organisé par Meliant de Lis dans le *Conte du Graal*). Pourtant, ces deux récits au déroulement prévisible sont soudain contaminés par la nouvelle, avec la présence de ces jeunes femmes amoureuses de Tristan (effet tardif, indésirable et ironique d'un quelconque philtre ?), et qui expriment vertement ce désir. Ces épisodes sont significatifs de l'art de Sala, un art subtil qui les relie au roman et les intègre à sa *conjointure*, mais leur laisse une autonomie suffisante pour que, leur similarité aidant, ils paraissent issus d'un recueil d'histoires distrayantes et exemplaires.

Ni la fiction d'oralité, en dépit de quelques interventions du narrateur somme toute assez conformes aux pratiques médiévales, voire de quelques touches d'ironie narrative (§ 202, 251, 280...), ni l'histoire-cadre, c'est-à-dire un récit englobant fondé sur l'organisation en journées des histoires racontées par des devisants[13], ne paraissent devoir tracer un profond sillon dans *Tristan*. Si cette «société conteuse» propre aux recueils de nouvelles[14] ne structure pas le roman, elle n'est pas complètement absente d'une œuvre qui laisse volontiers, le temps d'un récit, la parole à un personnage, même si la valeur de ce récit est plus explicative que structurante (§ 20, 82, 237...). Par ailleurs, à l'encontre de l'éditrice qui estime que «le décor du *Tristan* fait preuve d'un réalisme presque prosaïque[15]», le roman ne nous paraît guère s'ancrer bien profondément dans la réalité, si ce n'est dans les quelques scènes humoristiques déjà évoquées, où l'intention parodique de l'auteur est manifeste. Sans doute certains détails, hors de tout contexte laissant supposer un clin d'œil de Sala, détonnent-ils dans un roman d'aventures : c'est la reine Iseut qui revient de pamoison et que Brangien assoit sur un oreiller (§ 15) ; ce sont les «mires» venus soigner les chevaliers (§ 110)... Ces «effets de réel» sont trop rares pour que l'on puisse les rapprocher de l'esthétique de la nouvelle : parfois

---

13. Voir Madeleine Jeay, *Donner la parole. L'histoire-cadre dans les recueils de nouvelles des* XVe-XVIe *siècles*, Montréal, Ceres, 1992.
14. Gabriel-A. Pérouse, *Nouvelles françaises du XVIe siècle. Images de la vie du temps*, Genève, Droz, 1977, p. 24.
15. Lynette Muir, *Tristan*, p. 22.

ils soulignent une intention ironique de l'auteur (§ 201), souvent ils sont insignifiants.

Reste à envisager l'exemplarité du récit, qui, feinte ou réelle, justifie la plupart du temps l'entreprise narrative de conteurs prétendant raconter des histoires dignes d'être rapportées. Jeu littéraire souvent, car la nouvelle «ne croit plus que l'événement en lui-même contienne déjà un sens transcendant[16]». Or ce sens transcendant, qui régit toute la *conjointure* du roman, existe bel et bien dans *Tristan*: c'est l'exaltation de l'amitié, très vite mise en lumière par Alfred Adler[17], d'une amitié qui relègue au second plan l'amour des deux couples célèbres et «regarde, tel Janus, de deux côtés, vers le Moyen Âge par sa qualité héroïque et vers la Renaissance par la confiance qu'elle fonde en l'être humain[18]».

Œuvre étrange et composite, le *Tristan* de Sala ne dévoile pas d'emblée sa signification. La dualité des thèmes, et à un degré moindre des formes, empruntés au roman chevaleresque et à la nouvelle, ne doit pas faire oublier que ces différents discours trouvent place dans un cadre narratif cohérent : le texte de Sala ne se délite pas, malgré ses jeux intertextuels, ou plutôt grâce à eux. De la nouvelle, l'écrivain lyonnais adopte la remise en cause du monde chevaleresque et courtois, la critique des moines n'étant peut-être qu'un ancrage peu signifiant du texte dans le genre littéraire en vogue ; du roman, il conserve l'idéalisme formel qui lui permettra d'exalter l'amitié. Tristan et Lancelot peuvent être ridicules dans leurs activités de chevaliers ou d'amants, jamais dans leur état d'amis. Au fond, la pratique de l'art des conteurs permet à Sala d'épurer son roman de toutes les scories d'une éthique désuète pour, à la place, installer la sienne, fondée sur l'amitié indéfectible des héros.

---

16. H. J. Neuschäfer, «Boccace et l'origine de la nouvelle. Le problème de la codification d'un genre médiéval», dans *Genèse, codification et rayonnement d'un genre médiéval : la nouvelle, Actes du Colloque de Montréal*, Montréal, Ceres, 1982, p. 103-110.

17. Alfred Adler, C. R. de l'édition Muir du *Tristan* de Pierre Sala, *Bibliothèque d'Humanisme et de Renaissance*, tome XXI, p. 519-525.

18. Jacqueline Thibault Schaefer, «Lancelot, Tristan, et Pierre Sala (1457-1529) ou "qu'un ami veritable est une douce chose"», dans *Lancelot-Lanzelet hier et aujourd'hui. Pour fêter les 90 ans d'Alexandre Micha* (Reineke-Verlag Greisfswald), 1995, p. 371-379.

Les données chevaleresques du contrat de lecture dans les *Angoysses douloureuses* d'Hélisenne de Crenne

JEAN-PHILIPPE BEAULIEU

À la fois roman sentimental, roman chevaleresque et vaste *exemplum*, les *Angoysses douloureuses qui procedent d'amours*, d'Hélisenne de Crenne, ont souvent dérouté les critiques soucieux d'attribuer à cet ouvrage l'étiquette générique lui convenant le mieux. Fort d'une popularité que confirme le nombre d'éditions publiées entre 1538 et 1560, ce roman composite semble défier les classifications les plus courantes. Certains critiques ont très sévèrement commenté une telle hétérogénéité, notamment Gustave Reynier qui, au début du siècle, jugeait la composition du roman peu cohérente[1]. Plus

---

1. Gustave Reynier, *Le Roman sentimental avant «L'Astrée»*, Paris, Armand Colin, 1908, p. 122.

récemment, Jérôme Vercruysse affirmait que les deuxième et troisième parties, qui relèvent essentiellement de l'univers chevaleresque, ne méritaient guère d'être republiées en raison de leur construction épisodique et lâche². Faire ainsi porter le discrédit générique de l'ouvrage sur ses dernières portions revient à privilégier le roman sentimental, genre plus moderne auquel renvoie la première partie, au détriment des deux autres, pourtant les plus amples, perçues comme une survivance lourde et inintéressante d'un genre tombé en désuétude. Non seulement on inverse alors l'importance relative des parties en faussant les rapports d'équilibre interne de l'ouvrage, mais on formule également une condamnation sans appel du roman chevaleresque tardif, que goûtaient pourtant les lecteurs des XVIe et XVIIe siècles³.

À défaut de l'intention parodique que l'on peut sentir dans le *Gargantua* de Rabelais⁴, lui aussi tributaire des modèles chevaleresques, le roman d'Hélisenne de Crenne ne trouve pas grâce aux yeux du lecteur d'aujourd'hui qui, tout en reconnaissant l'influence de l'imaginaire courtois sur les mentalités renaissantes⁵, est quelque peu dérouté par les modalités du déploiement textuel de cet imaginaire dans les romans de chevalerie tardifs (tels *Perceforest* et *Meliadus*) et dans ceux qui, comme les *Angoysses*, doivent à ces derniers une partie significative de leur régime narratif. Il n'y a donc pas lieu de s'étonner de retrouver, dans l'ouvrage d'Hélisenne de Crenne, des traits qui renvoient au roman chevaleresque des XVe et XVIe siècles : démesure formelle et actantielle, démultiplication

---

2. « Le récit de ces événements de moins en moins vraisemblables et romanesques, les digressions, les leçons font piétiner le roman [...]. Bref, la troisième partie et son complément sont franchement ennuyeux. Déjà au cours de la deuxième [...] le roman devient presque illisible [...] ; l'on comprend dès lors sans peine les raisons qui nous ont poussé à n'en publier que la première partie. » Introduction de Jérôme Vercruysse aux *Angoysses douloureuses* (première partie), Paris, Minard, 1968, p. 18.

3. Nicole Cazauran, « Les romans de chevalerie en France : entre "exemple" et "récréation" », dans *Le Roman de chevalerie au temps de la Renaissance*, dir. M. T. Jones-Davies, Paris, Jean Touzot, 1987, p. 31 et 34.

4. Michael Screech, *Rabelais*, Paris, Gallimard, 1992 (traduction de l'édition anglaise de 1979), p. 62. Roland Antonioli signale cependant la complexité de l'intertextualité rabelaisienne (« La matière de Bretagne dans le *Pantagruel* », *Études rabelaisiennes*, vol. XXI (Actes du colloque de Tours, 1984), Genève, Droz, 1988, p. 80-82.

5. On n'a qu'à considérer les manifestations, au XVIe siècle, de ce que Michel Stanesco nomme les comportements romanesques (« Sous le masque de Lancelot. Du comportement romanesque au Moyen Âge », *Poétique*, nº 61, 1985, p. 23), notamment « les tournois et les fêtes de cour [qui] sont le plus souvent des scénarios dramatiques tirés des romans », Michel Stanesco et Michel Zink, *Histoire européenne du roman médiéval*, Paris, Presses Universitaires de France, 1992, p. 165.

des topiques, et amalgame des matières[6]. L'effort syncrétique
du récit chevaleresque de la fin du Moyen Âge pour accueillir
en son sein les diverses traditions constitutives des genres narratifs longs[7] semble ainsi se refléter dans la composition de ce
texte, qui illustre la propension de la première Renaissance à
faire cohabiter des perspectives et des données variées[8]. À la
suite de telles considérations, la question problématique du
genre, dont le poids semble peser surtout sur les parties deux
et trois, peut prendre la forme d'une interrogation sur la
nature des indices textuels qui fondent leur identité. Le contrat de lecture proposé par l'instance auctoriale, Hélisenne[9],
dans les pièces liminaires de ces parties en est l'un des plus
importants. Si ce contrat, qui constitue une prise de position
quant aux données du genre, n'est pas nécessairement en
mesure de rendre compte de tous les aspects du texte — on
peut constater à la lecture à quel point sa réalisation est soumise à divers aléas —, il présente clairement le récit comme le
lieu de redéploiement de l'ancien idéal courtois. Soumis à
une interprétation didactique qui en complexifie les enjeux,
l'ensemble des paramètres de lecture proposé par le contrat
constitue une valorisation plus virtuelle que réelle d'un idéal
qui, comme nous le verrons, trouve difficilement à s'ancrer
dans le récit. Un peu à la manière du *Don Quichotte* de Cervantès, qui ne détruit pas l'idéal chevaleresque, mais en pousse
l'exigence et la logique jusqu'à la folie[10], les deux dernières
sections des *Angoysses* mettent en évidence la vacuité d'une
quête chevaleresque ayant perdu le caractère symbolique que
lui attribue la tradition[11]. En fin de compte, il ne reste du
projet courtois qu'un contrat, essentiel à la compréhension
du texte, mais souvent en rupture avec la réalisation narrative
des aventures.

6. Pour un survol des traits généraux du genre, voir notre article « Le
roman chevaleresque de la Renaissance : *Perceforest* et *Amadis de Gaule*»,
Renaissance et Réforme, vol. XV, n° 3, 1991, p. 187-197.

7. À ce sujet, voir le chapitre intitulé « L'unification romanesque des
matières», Stanesco et Zink, *Histoire européenne du roman médiéval*, p. 117-
121.

8. Robert Aulotte, «Vue panoramique : humanisme et Renaissance »,
dans *Précis de littérature française du XVIe siècle*, sous la dir. de R. Aulotte,
Paris, PUF, 1991, p. 13-24.

9. Il convient de distinguer l'auteure, Marguerite Briet, de l'instance
auctoriale, à la fois narratrice et protagoniste du récit. Jérôme Vercruysse,
« Hélisenne de Crenne : notes biographiques», *Studi francesi*, n° 31, 1967, p. 77.

10. Pour reprendre la formule de Michel Darbord, «Cervantès et la
critique du roman de chevalerie », dans *Le Roman de chevalerie au temps de la
Renaissance*, dir. M. T. Jones-Davies, Paris, Jean Touzot, 1987, p. 69.

11. Beaulieu, p. 193.

* *

La deuxième partie du roman s'ouvre sur un énoncé
paratextuel de l'instance auctoriale qui annonce et justifie les
changements narratifs et thématiques caractéristiques de la
suite de l'œuvre. La première partie des *Angoysses*, dont on a
amplement souligné la parenté avec la *Fiammetta* de Boccace[12],
relève du roman sentimental puisque la narratrice y relate les
difficultés que l'expérience de l'amour adultère a suscitées
dans sa vie. La désapprobation du milieu, l'isolement qui en
résulte, les mauvais traitements infligés par le mari et les trahi-
sons de l'amant sont quelques-unes de ces difficultés (ou angoisses) qui mènent à la séquestration de la jeune femme, à la
fin de cette section du roman. Les parties deux et trois, par
contre, relatent les aventures chevaleresques que l'amant
d'Hélisenne, Guénélic, a connues pour retrouver son
«amye», objet de désir fantasmatique et obsédant. Combats,
tournois et navigations sont autant d'activités masculines qui
alimentent les épisodes de ce récit raconté par Guénélic. Par
rapport au début du roman, non seulement le regard narratif
se modifie, mais l'univers avec lequel ce regard est en contact
fait l'objet d'une transformation importante.

Même si elle cède la narration à une autre instance,
Hélisenne reste la véritable instigatrice du récit. Pour bien le
faire sentir, elle formule un commentaire qui, en motivant le
passage à un nouvel univers romanesque, fait fonction de
pacte de lecture. Dans les quatre pages de l'épître liminaire
adressée aux «lecteurs benevoles[13]», Hélisenne inscrit la
diégèse à venir dans le prolongement du récit antérieur, en
soulignant cependant le renversement de perspective et de
problématique qui résulte forcément du passage des angoisses
amoureuses éprouvées par une femme à leur contrepartie
masculine. Le nouveau récit vise en effet à «reciter les calamitez
& extremes miseres que par indiscretement aymer les jeunes
hommes peuvent souffrir» (*Angoysses*, p. 146[14]). Contrairement
à ce qui est illustré dans la première partie des *Angoysses*, le

12. Mary J. Baker, «*Fiammetta* and the *Angoysses douloureuses qui procedent d'amours*», *Symposium*, n° 27, 1973, p. 303-304. Plus récemment, Ca-
thleen Bauschatz a mis en relief certains des aspects touchant l'imitation, par
une femme, du discours féminin travesti de la *Flammette* de Boccace. «"Hélisenne aux lisantes" : Address of Women Readers in the *Angoisses douloureuses*
and in Boccaccio's *Fiammetta*», *Atlantis*, vol. XIX, n° 1, 1993, p. 64-65.
13. Il est intéressant de noter que, dans l'édition de 1551, la même
épître s'adresse aux «toutes nobles & vertueuses dames».
14. En attendant la parution de l'édition des *Angoysses* par Christine
de Buzon, nous utilisons celle préparée par Harry R. Secor. Thèse de doctorat, Yale University, 1957.

contrat n'insiste pas sur le caractère problématique de l'amour adultère, mais désigne le comportement peu courtois de l'homme comme la cause principale des difficultés de ce dernier. À ce comportement déficient par rapport à un code de conduite évident, l'instance auctoriale propose le remède de l'activité «marciale», accomplie dans le cadre d'une quête qui vise à rapprocher — à la fois géographiquement et moralement — l'amant de son objet de désir. Le texte rendra donc témoignage de la force de l'*avanture*, série d'épreuves susceptibles de modifier considérablement l'amant peu méritoire, en permettant à celui-ci d'acquérir certaines qualités courtoises[15].

Le lien entre l'amour et la prouesse est assuré par la métaphore de l'influence — et donc de l'utilité morale — d'un livre dont le projet est de «divulguer & manifester aulcunes œuvres belliqueuses & louables entreprinses» (p. 146). Dès la première page de l'épître, l'instance auctoriale assoit la valeur conative du récit à suivre sur l'exemple d'Alexandre, dont l'«assiduité de lire [*L'Iliade*] instigoit l'efficace & esmotion à chevalerie» (p. 146-147). Hélisenne fait ainsi appel à une exemplarité qui réunit l'Antiquité et la chevalerie médiévale, un peu comme le *Roman de Perceforest* allie la matière arthurienne à l'histoire d'Alexandre le Grand[16]. Ce syncrétisme référentiel semble alimenter l'«indubitable foy» d'Hélisenne «que l'œuvre présente excitera [...] les gentilz hommes modernes au marcial exercice» (p. 147).

Pour parer à la réaction des lecteurs qui trouveraient curieux que Guénélic, amant plutôt opportuniste et lâche dans la première partie des *Angoysses*, «[s'adonne] ainsi à l'art militaire» (p. 147) afin de retrouver une femme pour laquelle il s'était donné bien peu de mal auparavant, Hélisenne suggère que la naissance modeste et l'absence de qualités courtoises peuvent être compensées par un accroissement ou une «exaltation» des vertus grâce aux «œuvres chevaleresques». Un tel point de vue se rattache à la tradition du roman chevaleresque qui tente de concilier dans l'action masculine les intérêts guerriers et amoureux, à première vue divergents[17]. Même soumise au hasard des circonstances, la quête chevaleresque devrait donc revêtir une fonction «méliorative»,

15. Selon Jacques Ribard, le terme *avanture* au singulier souligne la finalité de la quête, qui n'est donc pas soumise à l'arbitraire du hasard : «L'*avanture* dans la *Queste del Saint Graal*», *Mélanges [...] offerts à A. Planche*, Paris, Les Belles Lettres, 1984, p. 419.

16. Jane H. Taylor, introduction à l'édition critique du *Roman de Perceforest (première partie)*, Genève, Droz, 1979, p. 32.

17. Elizar Meletinsky, «Typologie du roman médiéval en Occident et en Orient», *Diogène*, no 127, 1984, p. 8.

vaguement teintée d'un certain néo-platonisme typique de la
production littéraire des années 1530. On a déjà amplement
signalé que, dans les ouvrages de philosophie amoureuse de
l'époque, les conceptions platoniciennes prolongent les
idéaux courtois en donnant l'occasion à l'homme de se dépasser
grâce aux sentiments qu'il éprouve pour une femme, inacces-
sible et généralement étrangère au monde chevaleresque[18].
Longtemps considéré comme valorisant, le rôle essentiellement instrumental de la femme dans la structure idéologique
néo-courtoise est désormais très évident : elle y figure comme
un objet esthétique qui permet à l'homme d'épurer ses pas-
sions et de dépasser les déterminismes terrestres[19]. La position
d'Hélisenne à ce propos n'est pas sans nuances. D'une part,
elle souligne fort clairement la valeur de l'activité chevaleresque en espérant que son livre « pour l'advenir stimulera la
postérité future d'estre vrays imitateurs d'icelluy [le marcial
exercice] » (p. 147). D'autre part, non sans un ton quelque
peu désabusé, elle se dit consciente de la véritable nature des
pulsions amoureuses masculines :

> [...] telle est l'humaine virile condition que durant le temps
> qu'ilz n'ont encore jouy de la chose aymée, ilz ne pardon-
> nent à aulcuns perilz puis que c'est pour parvenir d'avoir de
> leurs desirs contentement. (p. 149[20])

En fournissant une explication peu noble aux motivations amoureuses de l'homme, cette vision de la « fruition
d'amours » ne paraît guère proposer une lecture véritable-
ment néo-platonicienne de la quête de Guénélic[21].
On aura déjà compris que si l'épître liminaire ne laisse
planer aucun doute quant à la teneur générale du contrat,
certaines de ses clauses restent vagues, surtout en ce qui a trait
à l'aspect didactique. Le texte cherche à rapprocher une

18. Luce Guillerm et coll., *Le Miroir des femmes II*, Lille, Presses Universitaires de Lille, 1983, p. 127. Peu de figures féminines de l'époque avaient
accès à l'univers guerrier des hommes. L'une des plus connues est certainement Clorinde, dont la destinée tragique peut être considérée comme la
punition d'une telle transgression.
19. Christiane Marchello-Nizia, « Amour courtois, société masculine et
figures du pouvoir », *Annales*, n° 6, 1981, p. 969-982.
20. Dans sa cinquième épître familière, Hélisenne reprend la même
idée. *Epistres familieres et invectives*, éd. de J.-Ph. Beaulieu avec la coll. de H.
Fournier, Montréal, Presse de l'Université de Montréal, 1995, p. 69-70.
21. Sans nier le substrat ficinien de toute la production textuelle de
l'époque, il nous semble difficile de reconnaître chez Hélisenne une dynamique néoplatonicienne aussi évidente que celle proposée par Helen Walds-
tein. *Hélisenne : A Woman of the Renaissance*, thèse de doctorat, Wayne State
University, 1965.

condition d'amant imparfait, perçue comme le problème, et une quête chevaleresque proposée comme remède. La formule est posée, mais ses modalités démonstratives restent imprécises quant à l'importance relative des deux aspects du contrat. À l'instar de la première partie, convient-il d'interpréter le récit comme un exemple négatif axé sur la force débilitante de l'amour[22] ? Lorsqu'elle reprend la parole au début de la troisième partie, l'instance auctoriale réitère les deux enjeux de ses énoncés antérieurs, accentuant leur parallélisme sans clarifier davantage leurs rapports, qui semblent relever d'une évidence implicite :

> [...] si precedentement vous ay exhorté à la discipline de l'art militaire pour acquerir triumphe de renommée, à ceste heure plus fort suis provocquée à vous instiguer à la resistence contre vostre sensualité, qui est une bataille difficile à superer. (p. 317)

L'un des éléments centraux — et donc unificateur — du contrat réside dans l'importance accordée à la filiation courtoise des qualités reconnues comme essentielles pour éviter aux «jeunes jouvenceaulx» «l'insupportable charge d'amours». Au moment où il devient narrateur (deuxième partie, chapitre I), Guénélic lui-même, en décrivant «les coustumes que le vray amoureux doibt avoir» pour éviter les «anxietez douloureuses», rejoint l'affirmation d'Hélisenne selon laquelle «le vray naturel de ceulx qui bien ayment est de servir, louer & obeyr» (p. 148-149). Il convient donc à l'amant «d'estre magnanime, modeste, secret, soliciteux et perseverant, & de tout accident patient, & non point superbe, difficile ne obstiné ; mais doulx, flexible & obeyssant» (p. 150). Si cette liste de qualités dépasse bien évidemment le cadre de l'éthique chevaleresque, elle est néanmoins fortement tributaire de la tradition du service d'amour tel que l'a défini le code courtois.

* *

Dans la dynamique globale du roman, cet ensemble de paramètres de lecture a pour effet de déplacer la problématique amoureuse de l'univers domestique et fermé de la femme vers un univers masculin de type chevaleresque, donc

---

22. Le sens à attribuer au discours délibératif dans les *Angoysses* reste encore problématique dans son ensemble, même si des études récentes en ont éclairé certains aspects ; voir Caroline Desbiens, *La dé-libération dans les «Angoysses douloureuses» d'Hélisenne de Crenne*, mémoire de maîtrise, Université McGill, 1995.

ouvert à la nouveauté et au changement. Un tel déplacement, susceptible d'apporter une solution au piétinement qui caractérise l'expérience amoureuse féminine[23], se bute dans sa réalisation à un certain nombre de difficultés mettant en relief le caractère artificiel et infructueux de la solution chevaleresque. La relation entre amour et chevalerie, censée être harmonieuse et complémentaire, ne parvient pas à l'être. Au contraire, comme nous l'avons souligné ailleurs[24], c'est la disjonction des deux dimensions que le texte rend manifeste.

Dans la perspective néo-courtoise proposée au début de la partie chevaleresque du roman, les épreuves de la quête doivent accroître le mérite amoureux de l'amant chevalier auprès de sa dame. L'idée centrale est celle d'une transformation positive, généralement présentée, dans la tradition du roman courtois, comme une opération plutôt symbolique faisant coïncider la notion de déplacement avec celle de changement[25]. Dans les *Angoysses II* et *III*, en dépit de ce à quoi on s'attendrait, les événements se produisent d'une manière très aléatoire et n'entraînent aucun changement important chez les personnages principaux, qui apparaissent ainsi figés dans des structures comportementales prévisibles tant sur le plan actantiel que discursif.

Signalons, en premier lieu, l'arbitraire assez évident qui préside au choix et à l'agencement des aventures. La fonction formatrice de ces dernières échappe tout à fait au lecteur qui ne peut manquer d'être frappé par le caractère décousu de l'ensemble du récit. La série d'épisodes que présente le roman, l'absence de logique des séquences événementielles, le caractère gratuit des déplacements géographiques et des actions donnent plus une impression de mouvement à vide, inlassablement répétitif, que de réelle transformation. Parmi les enchaînements narratifs dont la vraisemblance est problématique, on peut mentionner l'adoubement de Guénélic et de son compagnon, Quézinstra (chapitre 8). Cet adoubement qui fait des jeunes hommes deux chevaliers devrait constituer, selon la tradition courtoise, le point culminant, l'aboutissement

23. Comme le précise Tom Conley, cette impasse signale les restrictions et les limites de l'expérience féminine au XVIe siècle. «Feminism, *Écriture*, and the Closed Room : The *Angoysses douloureuses qui procèdent d'amours*», *Symposium*, no 27, 1973, p. 331.
24. Nous avons consacré quelques lignes à l'identification de ces traits dans «Où est le héros ? La vacuité de la quête chevaleresque dans les *Angoysses douloureuses* d'Hélisenne de Crenne», à paraître dans les actes du colloque *Sagesse, démesure et folie dans la littérature chevaleresque* (Saint-Étienne, octobre 1994).
25. Denyse Delcourt, *L'Éthique du changement dans le roman français du XIIe siècle*, Genève, Droz, 1990, p. 22 ; voir aussi Ribard, p. 421.

d'une série d'épreuves. Dans les *Angoysses*, cependant, cet honneur ne résulte d'aucun fait d'armes notable, mais, curieusement, de l'intervention gratuite du prince Zélandin. L'amitié entre ce dernier et les deux compagnons semble être la principale justification de l'adoubement, dont la valeur de récompense chevaleresque est ainsi remise en question. On sait que les données du genre permettent une grande liberté quant aux explications à donner aux événements apparemment arbitraires ; les conséquences des situations n'ayant parfois qu'un lien symbolique assez ténu avec ce qui semble en être la cause[26]. Dans le cas des *Angoysses*, il est fort difficile de percevoir quelque intention symbolique : on doit généralement s'en remettre au hasard comme facteur explicatif des événements. À vrai dire, le nombre et l'ordre des épreuves subies par le personnage principal soulignent surtout le manque de cohérence contextuelle du récit. Ainsi, les aventures qui précèdent la découverte d'Hélisenne, à la fin du roman, soit le séjour à Bouvacques et la rencontre avec un religieux, ne préparent en aucune façon la réunion inopinée des deux amants. Un gentilhomme ayant révélé par hasard qu'une dame nommée Hélisenne était détenue dans un château des environs, Guénélic est si stupéfait qu'il se sent comme «une creature de quelque peril marin eschappée, qui par grand timeur reste sans respirer & congnoissance de soymesmes» (p. 343). Pour les deux compagnons, la surprise est totale mais de courte durée, puisqu'ils se mettent rapidement à réfléchir aux «moyens les plus convenables pour scavoir liberer Helisenne de ceste captivité» (p. 344). Si ce développement narratif ne semble pas trop inattendu du point de vue des deux jeunes hommes, il l'est beaucoup plus pour les lecteurs, qui se sentent soudainement poussés vers la case arrivée, alors que rien ne le laissait supposer.

Sur le plan structurel, les *Angoysses* exploitent donc les possibilités centrifuges d'un genre caractérisé à la Renaissance par une certaine fragmentation de la narration en une série d'épisodes dont la motivation n'est pas toujours évidente[27]. L'allongement de la *conjointure* peut lasser le lecteur moderne, peu habitué aux procédés d'amplification romanesque de la fin du Moyen Âge. Lorsque les possibilités d'interprétation symbolique deviennent aussi minces, il est toutefois loisible de se demander si le rôle initiatique de la quête chevaleresque n'est pas remis en question. En fait, il est même nié par la fixité des personnages principaux, qui résistent

---

26. Ribard, p. 421.
27. Michel Zink, «Le roman de transition», dans *Précis de littérature française du Moyen Age*, dir. D. Poirion, Paris, PUF, 1983, p. 295.

constamment au changement. Guénélic, censé s'être engagé
dans ces aventures pour acquérir des qualités de gloire et de
vertu, fait preuve de très peu de courage et d'initiative[28]. Par
exemple, lorsqu'il est capturé par les soldats ennemis, «pour
l'apprehension de la mort» «en terre [il] tom[e] evanoui»
(p. 274). Voilà un comportement fort peu chevaleresque qui
se situe à un moment du déroulement de l'histoire où Guénélic devrait déjà être en mesure de montrer son courage nouvellement acquis. Il est difficile, pour ne pas dire impossible,
de trouver des passages de nature chevaleresque où Guénélic
apparaît au centre de la situation ; la plupart du temps, il est
ballotté par les événements, entraîné dans l'action par son
compagnon, Quézinstra, lequel semble le véritable héros du
récit. En recherchant l'action et en s'y engageant, celui-ci
acquiert en effet une réputation de bravoure qui relègue Guénélic dans l'ombre[29]. Grâce à l'*avanture*, et bien qu'il n'ait
aucune qualité personnelle à acquérir, Quézinstra peut briller
par ses faits d'armes et, ainsi, accéder au statut social dont
l'avait privé une injustice[30]. «Extraict de noble & tresantique
generosité» (p. 155), le jeune homme est en effet un parangon des vertus chevaleresques en attente d'occasions propices
à leur déploiement.

Guénélic, quant à lui, apparaît avant tout comme un être
émotif, obsédé par l'amour et soumis à des pulsions qui l'em-
pêchent d'agir. Bon nombre de monologues ou dialogues rela-
tifs à l'amour au cours desquels Guénélic soupire, se lamente, se
dit la victime de ses propres sentiments, à la manière d'un
personnage de roman sentimental[31], montrent qu'il est plus à
l'aise dans le maniement de la parole que dans celui des
armes. Hanté par l'absence de l'objet de son désir mais incapable de se concentrer sur les activités susceptibles de le rapprocher de sa dame, Guénélic apparaît comme un être
écartelé entre deux types de préoccupations. Autant le personnage d'Hélisenne, dans les *Angoysses I*, illustre l'impossibilité de s'affirmer en tant que femme dans le réseau d'attentes

28. Mary J. Baker, «France's First Sentimental Novel and Novels of
Chivalry», *Bibliothèque d'Humanisme et Renaissance*, vol. XXVI, 1974, p. 40.
29. Baker, p. 41.
30. La belle-mère de Quézinstra l'ayant accusé d'avoir voulu «son
honneste pudicité violer» (p. 156), il a été chassé de la «maison paternelle».
31. Voici un passage typique où après une bataille, au lieu de se ré-
jouir d'un dénouement plutôt favorable, Guénélic se plaint d'être mobilisé
par ses sentiments amoureux :
Las j'estoye en telle extremité que la cruciée vie aultre espece de salut ne
retenoit, sinon la piteuse memoire & recordation de ma dame dont l'absence
m'estoit si griefve que ne povoye contenir sans me plaindre et me lamenter.
(p. 170)

qui régissent les rapports sociaux, autant Guénélic, dont les
possibilités — symbolisées par l'ouverture sur le monde de la
quête — semblent nettement plus considérables, est de toute
façon incapable de combiner les activités amoureuses (de l'ordre du *ressenti* et du *dire*) et guerrières (dont la nature actantielle renvoie au *faire*).

Un tel phénomène n'est pas entièrement nouveau dans
la tradition du roman courtois : les défauts de certains personnages de Chrétien de Troyes ne les rendent-ils pas incapables
de s'accomplir pleinement comme chevaliers ? La disjonction
est si nette ici, accentuée par la présence du contrat initial,
que l'hypothèse d'une transformation courtoise des personnages masculins semble en fin de compte difficile à soutenir
dans le cadre de ce paradoxal piétinement moral qu'est la
quête. Guénélic est imperméable aux idéaux chevaleresques,
tandis que Quézinstra les a intégrés dès le départ, sans possibilités d'amélioration. L'amour et la chevalerie, loin de se servir
mutuellement comme le proposait le paratexte, se caracté-
risent par un antagonisme illustré par les nombreuses discussions de Guénélic et de Quézinstra, le premier défendant la
force du sentiment amoureux, et le second, la valeur des activités guerrières. Cet antagonisme, placé sous le signe de la
fraternité masculine, fait basculer le récit dans l'ordre du discursif, en retardant constamment la reprise de la quête et des
activités chevaleresques[32].

Le rêve courtois, censé être récupérateur, se réalise sur
le mode du conflit et aboutit finalement à un échec. Ce dernier est d'ailleurs symbolisé par la mort des amants, peu après
leur réunion à la fin du roman. Le couple n'a pas pu trouver
de solution viable à la transgression que représente l'amour
adultère dans le contexte des normes morales de la Renaissance, beaucoup moins permissives que celles du Moyen
Âge[33]. Par ailleurs, n'est-il pas ironique que les héros aient besoin
de la personne incarcérée pour effectuer son sauvetage, comme
c'est le cas aux chapitres cinq et six (troisième partie) où

32. Il est intéressant de noter que cet antagonisme est beaucoup moins
sérieux que celui qui opposait, dans les *Angoysses I*, Hélisenne — isolée et
sans soutien — à l'hostilité de son environnement. Il est clair ici que
l'homme, même s'il est très peu méritoire, fait l'objet d'une condamnation
sociale moins grave que la femme, lorsque celle-ci se permet de transgresser
— ne serait-ce qu'en pensée — les normes de conduite de la femme mariée.
Le caractère ludique des discussions entre les deux compagnons est souligné
par l'abondance de formules de politesse et d'atténuation qui n'ont rien à
voir avec l'âpreté des échanges entre Hélisenne et son mari dans le premier
tiers du roman.
33. Natalie Zemon-Davis, *Society and Culture in Early Modern France*,
Stanford, Stanford University Press, 1975, p. 126.

Hélisenne, en fournissant aux deux hommes l'idée du stratagème permettant de la libérer, donne à entendre qu'ils ne
sont pas assez compétents pour mener à bien eux-mêmes
cette entreprise[34] ?

Éminemment unificateur, le projet courtois s'échoue sur
l'écueil d'une représentation romanesque à la fois en deçà et
au-delà du canevas chevaleresque. On peut se demander si le
parallélisme didactique (concernant la condamnation de
l'amour sensuel) établi avec les *Angoysses I* par le contrat paratextuel n'est pas à l'origine d'un effet de contamination qui
aurait entraîné le récit chevaleresque du côté du roman sentimental. À la dynamique actantielle du premier s'opposerait la
stagnation narrative du second, dominé par une composante
discursive privilégiant l'introspection et la plainte. D'où la
cohabitation — non sans heurts — d'une trame essentiellement chevaleresque et d'une tendance à la ratiocination
amoureuse, typique du roman sentimental d'origine espa-
gnole ou italienne, fort populaire en France[35].

Une telle contamination étant difficilement imputable à
une connaissance imparfaite du genre, comment convient-il
d'interpréter le syncrétisme problématique du roman ? Texte
ni parodique ni caricatural, les *Angoysses* témoignent à la fois
du pouvoir de fascination exercé par le monde chevaleresque
(d'où la teneur du contrat de lecture proposé et l'espace
accordé par le récit à l'action masculine), et de la nécessité
d'exprimer différemment (c'est-à-dire dans une perspective
féminine) des préoccupations amoureuses d'un type nouveau,
extérieures au champ courtois. En dépit de la capacité du
roman chevaleresque tardif à accueillir des matières diverses,
le récit d'Hélisenne cherche à signaler la problématique intégration, dans le monde de la quête, d'une expérience de
l'amour obéissant à une autre dynamique.

S'il est malaisé d'établir clairement les motivations auc-
toriales, au moins peut-on supposer que les parties chevaleresques des *Angoysses* remettent en question le rêve masculin
visant à réunir l'expérience des sentiments intimes et l'activité
guerrière. De façon à établir un parallèle avec la première
partie du roman, où la femme ne peut réconcilier les attentes
sociales et ses propres sentiments, Hélisenne paraît refuser à

---

34. « [L]'invention par Helisenne excogitée » (p. 365) est en effet
acceptée d'emblée par les deux hommes qui, faute d'initiative personnelle,
se mettent au travail en suivant scrupuleusement le plan proposé.
35. William Kemp note qu'entre 1525 et 1533, « il y eut 28 éditions de
six romans d'amour en traduction française », dont le *Jugement d'amour* et la
Complainte de Flamette. « La première édition du *Jugement d'amour* de Flores
(septembre 1529) publiée par Jérôme Denis », *Bibliothèque d'humanisme et
Renaissance*, vol. LIII, n° 3, 1991, p. 710.

l'homme l'unité salvatrice de la quête. Une telle problématisa-
tion romanesque rend ce texte difficile à classer, tout en le
situant entre *Amadis de Gaule, Don Quichotte* et le roman héroïque du XVIIe siècle. En fin de compte, la chevalerie apparaît ici
davantage comme un idéal, un esprit qu'on cherche à conserver, mais qui n'arrive à être rien d'autre qu'un comportement
romanesque révélant ses propres limites.

Les *Chroniques gargantuines* et la parodie du chevaleresque

DIANE DESROSIERS-BONIN

Sur les tréteaux que lui ménage le prologue du *Pantagruel*, Alcofribas Nasier, vantant les mérites de son livre, le compare avantageusement aux *Grandes et inestimables Chroniques de l'enorme geant Gargantua* dont, soutient le bonimenteur, il s'est «plus vendu par les imprimeurs en deux moys, qu'il ne sera acheté de Bibles en neuf ans[1]». Cet ouvrage anonyme, paru quelque temps avant le *Pantagruel* et qui serait peut-être de la main de Rabelais[2], s'avère en fait le premier d'une série de récits populaires tous publiés autour des années 1530-1540 et qui mettent en scène le personnage de Gargantua. En dépit des compilations et refontes successives opérées selon un procédé de composition étranger à nos pratiques éditoriales modernes et qui rend problématique la datation précise de ces textes[3], on peut néanmoins y distinguer cinq grands ensembles textuels : 1) Les *Inestimables*, mentionnées dans le prologue du

---

1. «Prologue de l'auteur», *Pantagruel*, p. 215. Toutes les citations sont tirées des *Œuvres complètes* de François Rabelais, M. Huchon (éd.), Paris, Gallimard, 1994, coll. «Bibliothèque de la Pléiade».
2. S'il n'en est pas l'auteur, l'écrivain a sûrement apporté son concours à l'édition de cet ouvrage, ne serait-ce qu'en rédigeant la table des matières, comme le soutient Mireille Huchon ; «Introduction», *Œuvres complètes* de Rabelais, p. LXIX et p. LXXXIII, note 2. Voir aussi p. 1038.
3. John Lewis propose une stemmatisation de ces diverses éditions dans «Towards a Chronology of the *Chroniques gargantuines*», *Études rabelaisiennes*, vol. XVIII, 1985, p. 83-101.

Pantagruel et dont la première édition connue, celle de Lyon, est datée de 1532 ; 2) *Le vroy Gargantua* vraisemblablement publié en 1533 et qui comporte des caractéristiques stylistiques le rapprochant de la façon rabelaisienne. 3) D'une tout autre tonalité est *La grande et merveilleuse vie*, signée de l'acrostiche « François Girault » et parue vers 1530-1535. Suivent deux compilations : 4) *Les cronicques du Roy*, fusion des *Inestimables* et de *La grande et merveilleuse vie*, ainsi que 5) les *Admirables*, très proches du *Vroy Gargantua* qu'elles reprennent et où viennent même s'ajouter des chapitres entiers du *Pantagruel*[4]. *Le Disciple de Pantagruel*, dont la publication en 1538 est légèrement plus tardive, constitue en quelque sorte le *terminus a quo* de cette série.

Or, les « romans » proprement rabelaisiens, le *Pantagruel* et le *Gargantua* que l'histoire littéraire a souvent hypostasiés, s'inscrivent directement dans ce cycle de Chroniques gargantuines[5]. Ces contrefaçons de la matière chevaleresque présentent en effet un certain nombre de traits communs par lesquels s'accuse la charge parodique : protestations de véracité, précisions numériques et toponymiques, disproportions et rabaissements, qui confèrent, à notre avis, leur teneur et leur relative subversion romanesque à ces « histoires ». Celles-ci apparaissent ainsi parodiques non seulement par rapport aux

---

4. Christiane Lauvergnat-Gagnière, « Composition et chronologie des chroniques », dans *Les Chroniques gargantuines*, C. Lauvergnat-Gagnière et G. Demerson (éd.), Paris, Nizet, 1988, coll. « Société des textes français modernes », p. 68. Nous désignerons l'ensemble de ces textes par l'appellation générale de Chroniques gargantuines. Les titres abrégés que nous indiquons correspondent aux intitulés initiaux suivants :
1) *Les grandes et inestimables Chronicques du grant et enorme geant Gargantua Contenant sa genealogie La grandeur et force de son corps. Aussi les merveilleux faictz darmes quil fist pour le Roy Artus* [...].
2) *Le vroy Gargantua notablement omelye, la creation de ses pere et mere par loperation de merlin Avecques les merveilles diceluy, la destruction des geans et aultres choses singulieres des enfances dudict gargantua, le tout bien reveu corrige et mis au long Scelon la pure verite de lantique hystoire Esquelles pourrez voir Plusieurs choses Incredibles.*
3) *Sensuyt la grande et merveilleuse vie du trespuissant et redoubte Roy de Gargantua translatee de grec en latin et de latin en francoys.*
4) *Les Cronicques du Roy Gargantua et qui fut son pere et sa mere. Avecq les merveilles de Merlin, translatees de Grec en Latin, et de Latin en Françoys.*
5) *Les croniques admirables du puissant Roy Gargantua, ensemble comme il eut a femme la fille du Roy de Utopie nommee Badebec, de laquelle il eut ung filz nomme Pantagruel lequel fut roy des dipsodes et Amanrottes Et comment il mist a fin ung grant gean nomme Gallimassue.*
5. Les écrits de Rabelais sont parfois imprimés en compagnie de certaines Chroniques gargantuines.

romans de chevalerie dérimés[6], qui avaient connu un regain de popularité à partir de la deuxième moitié du XVᵉ siècle et étaient devenus de véritables succès de librairie sous le règne de François Iᵉʳ[7], mais parodiques également et surtout en regard des grandes chroniques historiographiques[8], en ce que, par le rire et la dérision, elles interrogent les fondements et les modalités d'élaboration de la «vérité historique», revendiquée par ces deux genres narratifs, et soulèvent par conséquent la question de la fiction littéraire.

Histoire ou histoires?

Dès le titre, les effets d'intertextualité mettent en branle le jeu sur l'«authenticité» du texte et sa part de vérité. Portant dans son libellé le terme de *chroniques*[9], le livret populaire renvoie à une collection d'imprimés qui se donnent comme la remémoration la plus exacte possible des événements survenus dans le passé : *Les Chroniques de France* (1476), «premier

---

6. Les commentateurs ont à l'occasion souligné l'intention parodique de ces récits par rapport à la tradition arthurienne ; « [...] il ne faut pas oublier la forte intention comique ou parodique de ces compilations», écrit John Lewis («L'infrastructure celtique des *Chroniques gargantuines*», dans *Les Chroniques gargantuines*, p. 20). Guy Demerson rappelle aussi que « [...] les *Inestimables* avaient déjà le statut d'un "hypotexte", travestissement ou imitation satirique des romans de chevalerie» («Chroniques gargantuines et roman rabelaisien», dans *Les Chroniques gargantuines*, p. 56, note 122).

7. J.-P. Beaulieu, «*Perceforest* et *Amadis de Gaule* : le roman chevaleresque à la Renaissance», *Renaissance et* Réforme, vol. XV, nᵒ 3, 1991, p. 187-188 ; G. Doutrepont, *Les mises en prose des épopées et des romans chevaleresques du XIVᵉ au XVIᵉ siècles* (Bruxelles, 1939), Genève, Slatkine Reprints, 1969 ; C.E. Pickford, «Les éditions imprimées de romans arthuriens en prose antérieurs à 1600», *Bulletin bibliographique de la société internationale arthurienne*, vol. XIII, 1961, p. 99-109 ; J. Frappier, «Les romans de la Table Ronde et les lettres en France au XVIᵉ siècle», *Romance Philology*, vol. XIX, 1965, p. 178-193.

8. Jean Céard a bien montré dans le *Pantagruel* la part du questionnement critique devant les prétentions à la vérité des historiographes. *Cf.* J. Céard, «L'histoire écoutée aux portes de la légende : Rabelais, les fables de Turpin et les exemples de saint Nicolas», dans *Etudes seiziémistes offertes à V. L. Saulnier*, Genève, Droz, 1980, p. 87-109 ; et du même auteur, «La Querelle des géants et la jeunesse du monde», *The Journal of Medieval and Renaissance Studies*, vol. VIII, nᵒ 1, 1978, p. 37-76. Voir aussi les remarques éclairantes de Mireille Huchon sur ce sujet dans «La mise en œuvre», *Les Chroniques gargantuines*, p. 82.

9. Le titre constitue un indice générique important. Voir les titres suivants : *Les grandes et inestimables Cronicques* [...], *Les cronicques du Roy Gargantua* [...], *Les croniques admirables du puissant Roy Gargantua* [...], etc. Jean Rasmussen a fait valoir l'interdépendance des genres romanesques et historiographiques à la fin du XVᵉ siècle. J. Rasmussen, *La Prose narrative française du XVᵉ siècle*, Copenhague, Munksgaard, 1958, p. 55. Voir surtout Michel Zink, «Le roman et l'Histoire», dans *Précis de littérature française du Moyen Âge*, Daniel Poirion (éd.), Paris, PUF, 1983, p. 300-302.

livre imprimé en français à Paris[10]», *Les Grandes croniques de Bretaigne* (1514) d'Alain Bouchard, les *Grandes chroniques* de Robert Gaguin, traduites en français par Pierre Desrey en 1514, ou la *Cronique et histoire faicte et composée par pere en Dieu Turpin* (1527), etc. N'oublions pas que c'est sous le titre d'*Annales*, calqué entre autres sur le modèle des *Annales d'Acquitaine* (1524) de Jean Bouchet, que l'éditeur-imprimeur Pierre de Tours réunit en 1542 les *Gargantua* et *Pantagruel*. Le titre complet en est *Grands Annales tresveritables des Gestes merveilleux du grand Gargantua et Pantagruel, son filz, roy des Dipsodes*. D'ailleurs, d'emblée, s'affirme la volonté du narrateur de dire le vrai ; il présente, par exemple, dans le prologue placé en tête du *Vroy Gargantua* et des *Admirables*, son «hystoire» comme une «vraye cronicque», s'opposant de la sorte en la dénonçant à l'œuvre de ses prédécesseurs et, simultanément, confondant les deux termes que les historiographes de l'époque s'évertuaient à distinguer, en réservant le nom de «cronique» aux seuls faits et gestes des temps passés et celui d'«hystoire» au témoignage contemporain portant sur des faits présents[11]. Dans un passage capital de ce prologue, il dira s'écarter ouvertement des chroniqueurs comme Robert Gaguin et Jean Lemaire de Belges et prétendra leur préférer la «vérité» des romans chevaleresques[12] ! De plus, conformément à l'esprit de la «mise en roman», qui supposait la translation en langue romane d'un texte antérieur ancien, et suivant en cela une pratique répandue[13], *La grande et merveilleuse vie*, de même que *Les*

10. G. Demerson, «Chroniques gargantuines et roman rabelaisien», dans *Les Chroniques gargantuines*, p. 49.

11. M. Huchon, *Œuvres complètes* de Rabelais, p. 1213-1214. Comme le signalent Emmanuèle Baumgartner et Ian Short, le *Roman de Brut* et le *Roman de Rou*, par exemple, «sont des "chroniques", des récits qui retracent de la manière la plus véridique possible l'histoire de la Grande-Bretagne, des origines mythiques (troyennes) à la conquête normande [...]». «Introduction», *La Geste du roi Arthur*, Paris, Union générale d'Éditions, 1993, coll. «10/18», no 2346, p. 12.

12. «Les *Admirables*», dans *Les Chroniques gargantuines*, p. 165-167, l. 6-19. «*Le vroy Gargantua*», dans *Œuvres complètes* de Rabelais, p. 174.

13. À titre d'exemples parmi plusieurs autres, dans son *Historia Regum Britanniae*, Geoffroy de Monmouth prétend qu'il s'agit d'«un très ancien livre translaté en langue bretonne» (Geoffroy de Monmouth, *Histoire des rois de Bretagne*, L. Mathey-Maille (trad.), Paris, Les Belles Lettres, 1993. Dans le prologue du *Roman de Troie*, Benoît de Sainte-Maure se présente lui aussi comme le traducteur de l'ouvrage du latin en français (cité par Michel Zink, *Littérature française du Moyen Âge*, Paris, PUF, 1992, p. 136). On pourra aussi consulter A. Petit, *Naissances du roman. Les techniques littéraires dans les romans antiques du XIIe siècle*, tome 2, Paris-Genève, Champion/Slatkine, 1985, p. 789-807. Même stratagème plusieurs siècles plus tard chez le scripteur du *Cymbalum Mundi* ; dans la lettre dédicatoire à son ami Pierre Tryocan, Thomas du Clevier écrit qu'il s'est rendu à sa demande en traduisant le pseudo-manuscrit latin de ces dialogues. Bonaventure des Périers, *Cymbalum*

Cronicques du Roy Gargantua «translatees de grec en latin et de latin en francoys» se présentent dès le titre sous l'artifice de la traduction. Le narrateur recourt à cette formule de la *captatio benevolentiae* dans le prologue des *Admirables* et la réitère dans l'épilogue[14]. Ou bien encore la Chronique gargantuine s'annonce comme la simple transcription, la reproduction fidèle d'une œuvre source originale, dont l'antiquité garantirait la valeur et la crédibilité. Ainsi *Le vroy Gargantua* aurait été «reveu corrige et mis au long Scelon la pure verite de lantique hystoire». Enfin, annales, chroniques, documents juridiques ou hagiographiques, le texte en prose, comme le sont les Chroniques gargantuines, se réclame d'une vérité spirituelle ou historique qu'il transmet de droite façon, *oratio recta*, sans les ornements et voiles poétiques qui pourraient la masquer[15].

«Vous debvez savoir[...]»

À l'instar des historiographes, le narrateur des Chroniques gargantuines se veut un témoin privilégié, digne de foi, des événements qu'il consigne et relate souvent à titre de héraut d'armes, toujours en «énonciateur de la vérité historique[16]». Les protestations de véracité, récurrentes non seulement dans les prologues des chroniqueurs mais aussi dans les romans en prose médiévaux, abondent sous sa plume[17], renforcées par l'appel au témoignage oculaire et auditif de ses

Mundi, P. Hampshire Nurse (éd.), Genève, Droz, 1983, coll. «Textes littéraires français», p. 3.

14. *Admirables*, p. 165, l. 2-4 et p. 279, l. 85-86; formules reprises dans *La grande et merveilleuse vie*, p. 153, l. 2-5 et p. 161, l. 40-41.

15. Pour le lien entre la prose et l'expression droite, sans détours, de la vérité, ainsi que pour les confusions entre les genres engendrées par ce postulat, *cf.* Michel Zink, *Littérature française du Moyen Âge*, p. 176-188. Voir aussi Jeffrey Kittay et Wlad Godzich, *The Emergence of prose. An Essay in Prosaics*, Minneapolis, University of Minnesota press, 1987, surtout la section III, p. 109-186.

16. Ch. Marchello-Nizia, «L'homme dans la mémoire», dans *Précis de littérature française du Moyen Âge*, Daniel Poirion (éd.), Paris, PUF, 1983, p. 347. Dans la préface des *Annalles d'Acquitaine* (1524), Jean Bouchet exprime son désir de restituer «la verite de listoire» et, à l'occasion d'une épître adressée à Saint-Gelais au seuil des *Gestes ensemble la vie du preulx Chevalier Bayard* (1525), Symphorien Champier fait état de la difficulté d'établir la vérité historique, dessein auquel il aspire. Symphorien Champier, *Gestes ensemble la vie du preulx Chevalier Bayard*, Denis Crouzet (éd.), Paris, Imprimerie Nationale, 1992, p. 116.

17. «le puis prouver» (*Inestimables*, p. 124, l. 68); «vous debvez sçavoir» (*Inestimables*, p. 115, l. 1-2; p. 123, l. 42; p. 132, l. 1; *Admirables*, p. 165, l. 7; p. 167, l. 1-2); «comme pourrés sçavoir» (*La grande et merveilleuse vie*, p. 153, l. 6-8); «Et ne doubtez pas» (*Inestimables*, p. 128, l. 82); «affin que ce ne vous semble fable» (*Admirables*, p. 212, l. 127-128), etc.

lecteurs[18]. Il en appelle même à leur expérience, lorsqu'il
décrit, par exemple, Gargantua écrasant les brebis sur sa tête
«en la forme que nous tuons les nostres poulx[19]» ou quand il
les invite, au sens littéral, à goûter le sel de leur sueur[20]. Toutefois, il n'hésite pas à s'effacer devant la parole attestée du
palimpseste[21]. Par ailleurs, corrigeant les affirmations suppo-
sément erronées d'autres auteurs, il conteste leurs dires et
allègue la rectitude de ses propres assertions, confortée par
des arguments d'autorité. Toute la polémique entourant l'al-
laitement du géant nouvellement né participe de ce procès de
véridiction : «Aulcuns acteurs veullent dire que Gargantua fut
totallement nourry de chairs en son enfance. Je dis que non
(ainsi que dit Morgain et plusieurs aultres)[22]». Cependant,
d'autres versions des Chroniques gargantuines soutiennent la
proposition inverse et révèlent la «facticité» de la première.
Ainsi, la portée de ces protestations de vérité est la plupart du
temps immédiatement relativisée ou subvertie par le contexte
où elles sont proférées. Par ricochet, elles tournent en dérision les fallacieuses exhortations à la vérité des historiographes.

«Deux cens soixante mille, quatre cens dix et huyt. Sans les
femmes et petiz enfans»

Les Chroniques gargantuines recourent également à un
autre *topos* d'authentification du récit, commun aux romans
chevaleresques et aux chroniques : la précision numérique.
Ces œuvres recèlent en effet d'innombrables données quanti-
tatives[23]. Pourtant, ces informations chiffrées, loin de confir-
mer la véridicité du récit, en démasquent au contraire avec
plus de force l'affabulation, notamment en raison de la démesure des nombres et de leur précision maniaque. À preuve, les

18. «vous eussiez tant veu venir de gens» (*Inestimables*, p. 123, l. 38-
39) ; «comme vous verrez plus à plain» (*Inestimables*, p. 116, l. 17-18) ; «des-
quelz [...] vous orrez parler plus à plain» (*Inestimables*, p. 121, l. 18-19), etc.
    19. *La grande et merveilleuse vie*, p. 157, l. 9-11.
    20. «Car toute sueur est sallée, Ce que direz estre vray si vous voulez
taster de la vostre propre. [...]» *Pantagruel*, ch. II, p. 223, chapitre qui est
répété dans les *Admirables*, p. 226, l. 52-53.
    21. «Or nous dist le compte» (*Admirables*, p. 179, l. 9) ; «L'histoyre
dit que» (*Le vroy Gargantua*, p. 197) ; «Or nous dit lystoire» (*Admirables*,
p. 187, l. 1) ; «L'hystoire nous dict icy» (*Admirables*, p. 270, l. 1), etc.
    22. *Inestimables*, p. 120, l. 54-56.
    23. «Le chroniqueur doit aussi situer, chiffrer, mesurer.» E. Baum-
gartner et I. Short, «Introduction», *La Geste du roi Arthur*, p. 19. *Cf.* A. Lo-
rian, *Tendances stylistiques dans la prose narrative française du XVIe siècle*,
Paris, Klincksieck, 1973, p. 35-45. Alfred Glauser a analysé en des termes
semblables l'utilisation des nombres dans l'œuvre de Rabelais. A. Glauser,
Fonctions du nombre chez Rabelais, Paris, Nizet, 1982, p. 15.

quantités astronomiques de nourriture que le géant ingère au retour de son combat contre les Gos et Magos :

> Et pour entrée de table luy fut servy les jambons de quatre cens pourceaulx sallez : sans les andouilles et boudins : et dedans son potaige la chair de deux cens lièvres : et quatre cens pains : dont ung chascun pesoit cinquante livres : et la chair de deux cens beufz gras [...] pour la desserte luy servent quatre tonnettes de pommes cuyttes : et beut dix tonneaux de cidre [...]. (*Inestimables*, p. 128-129, l. 76-93.)

De même, la confection de la livrée du géant requiert des mesures extraordinaires de tissus, qui par leur excès même, en marquent le caractère fictif :

> [...] huyct cens aulnes de toille pour faire une chemise audict Gargantua, et cent pour faire les coussons [...] Pour faire son bonnet à la coquarde fut baillé au bonnetier deux cens quintaux de laine deux livres et demye et ung quart justement. (*Inestimables*, p. 129-130, l. 14-45.)

Et ces recensements minutieux s'appliquent autant à la matière qu'au temps, occupé par les activités les plus triviales que le narrateur décrit ; Gargantua, précise-t-il, « [...] pissa troys moys tous entiers six jours traize heures trois quarts et deux minutes [...] » (*Le Vroy Gargantua*, p. 206). Toutefois, c'est avec le dénombrement conventionnel des blessés et des morts que la parodie s'accentue. Le nombre de victimes que Gargantua fait avec sa massue, lorsqu'il se lance à l'assaut de l'armée du roi d'Irlande et de Hollande, varie à plaisir selon les versions. Dans les *Inestimables*, il en tue vaillamment, à lui tout seul « cent mille deux cens et dix justement : et vingt qui faisoyent les mors soubz les aultres » (*Inestimables*, p. 139, l. 29-31). Dans les *Admirables*, ce chiffre se porte à « cent mil trois cens et sept justement et deux qui faisoient les mors soubz les autres » (*Admirables*, p. 250, l. 37-38). Cette extrême mais factice précision numérique se double, dans le décompte traditionnel des prisonniers, d'un élément de rabaissement burlesque, digression scatologique impensable dans les récits chevaleresques ou historiographiques.

> Quand Gargantua [...] eut prins plusieurs prisonniers il les apporta en la fante de ses manches et au fons de ces chausses et les fist compter par ces gens d'armes et s'en trouva au nombre de troy cens et neuf et ung qui estoit mort du vent d'un pet que avoit faict Gargantua en ces chausses et avoit le pouvre prisonnier la teste toute fendue et la cervelle espandue de ce coup de broudier car il petoit si rudement que du vent qui sortoit de son corps il en faisoit verser troys charrettes de

foing et d'une vesse en faisoit mouldre quatre molins à vent.
Or laissons se pet et l'homme mort et revenons au troys cens et
neuf qui furent contés [...]. (*Inestimables*, p. 136, l. 1-14.)

La formule habituelle de transition «Or laissons [...] et
revenons», qui clôt ce passage, fonctionne comme un signal
générique; elle souligne l'intertextualité et fait ressortir la
filiation des genres, tout en en dénotant le caractère dérisoire.

De semblable façon, les mentions toponymiques et les
explications étymologiques sont démultipliées dans ce type de
narration «historique». Par exemple, l'itinéraire que Grand
Gosier et sa famille empruntent pour se rendre à la cour du
roi Arthur : de «Romme [...] en Allemaigne, en Souyce : et au
pays de Lorraine : et de la grant Champaigne [...]» jusqu'au
«Mont Sainct Michel» (*Inestimables*, p. 122, l. 2-4, 21-27), plutôt que d'ancrer le récit dans un cadre vraisemblable, recon-
naissable, a pour effet, par contraste, de le déréaliser. Il en va
de même du voyage que Gargantua entreprend à Paris et où
le géant, assis sur l'une des tours de Notre-Dame, les pieds
dans la Seine, dérobe les cloches pour les attacher au cou de
sa jument (*Admirables*, p. 193, l. 14-46). Les indications spatiales semblent interchangeables d'une version à l'autre des
Chroniques. Ces indices référentiels, qui dans un autre contexte scelleraient l'authenticité du témoignage, en minent ici
délibérément les assises, ainsi que l'illustrent les explications
qui ponctuent le chapitre consacré à «la grosse orloge de
Rennes». Dans cet épisode commun aux *Admirables* et au *Vroy
Gargantua*, le narrateur propose un fondement apparemment
plausible à l'une des singularités du lieu. La présence d'un os
de baleine dans l'entrée de l'église Saint-Maurice d'Angers
s'expliquerait par un don de Gargantua. Après s'être curé les
dents au moyen de cet os, il l'aurait offert à des pèlerins qui
l'exposèrent là en sa mémoire. De même, au dire du narrateur, la rareté des loups en Angleterre a pour cause la confection de la gibecière du géant doublée des peaux de cet
animal. L'abondance de raves et de rochers en diverses régions s'expliquerait par les combats entre les géants armés de
ces projectiles. Et évidemment, le Rhône trouverait sa source
dans les déluges urinaires du géant. Autant d'éclaircissements
farfelus qui, en en imitant la forme, ridiculisent les prétentions didactiques des récits historiographiques.

Le héros chevaleresque

Tout comme le *Pantagruel* et le *Gargantua*, les Chroniques gargantuines, à l'exception de *La grande et merveilleuse vie*

qui, de façon symptomatique, néglige le service d'armes du
protagoniste, se conforment à la structure linéaire des romans
de chevalerie[24]. Il est d'usage de retracer d'abord la généalogie du héros — d'autant plus noble que ses origines sont
lointaines —, sa naissance merveilleuse à l'occasion de laquelle des événements surnaturels se produisent — signes de
la destinée exceptionnelle de l'enfant —, puis ses enfances
qui mettent déjà en lumière ses vertus et finalement ses hauts
et valeureux faits d'armes. Les Chroniques gargantuines
obéissent dans ses grandes lignes à ce schéma narratif étoffé
par la rhétorique du panégyrique. Toutefois, elles mettent en
œuvre des éléments parodiques qui introduisent des distor-
sions telles qu'elles en subvertissent le modèle chevaleresque
et l'évident de sa substance.

En premier lieu, la généalogie de Gargantua ne va pas
au-delà de ses parents immédiats, et ceux-ci tirent leur origine
de la matérialité d'un adultère. En effet, Galemelle et Grand
Gosier sont respectivement issus du sang de Lancelot et des
rognures d'ongles de Guenièvre, son amante, mêlés à des
ossements de baleines réduits en poussière et, dans certaines
versions, sinapisés de poudre d'oribus, c'est-à-dire faite d'ex-
créments. Dans *La grande et merveilleuse vie*, la parenté du héros
se réduit à sa mère seule, qui l'aurait conçu «sans compaignie
d'home» (p. 153, l. 6-7). Dans les deux cas, ses antécédents
familiaux ne s'avèrent pas aussi glorieux que devaient traditionnellement l'être ceux des nobles chevaliers. En second
lieu, lors de l'engendrement du géant, le narrateur insiste sur
la génitalité de ses concepteurs, ce qui serait irrecevable dans
l'axiologie du roman chevaleresque. De plus, dans les *Inestimables*, aucun prodige ne survient à l'occasion de sa naissance,
alors que dans les *Admirables*, Galemelle rêve que divers personnages — soit empruntés à la mythologie antique ou à la
matière de Bretagne, soit inventés de toutes pièces — l'assis-
tent, et que des perturbations climatiques se produisent. L'intertextualité de ce songe resterait à explorer, mais son
intention parodique est déjà discernable dans le mélange hé-
téroclite des sources. La satire sera encore plus nette dans le
Pantagruel. Enfin, en troisième lieu, les enfances du protagoniste n'ont de remarquable que sa taille disproportionnée,
son appétit vorace, ses maux de dents (*Admirables*, p. 191, l.
25-29) et la blessure qu'il s'inflige au petit orteil (*Inestimables*,
p. 122, l. 16-20), tous ces développements concourant à rava-
ler la stature héroïque du personnage.

24. La succession linéaire demeure celle des chroniques et des annales qui suivent un déroulement chronologique.

Gargantua lui-même, qui de paladin au service du roi
Arthur deviendra ultérieurement souverain à son tour, carica-
ture, par l'amplification et le rabaissement, la figure du chevalier. Sa conduite parodie dans les Grandes chroniques leurs
exploits guerriers, d'abord par le nombre toujours pléthori-
que d'ennemis qu'il défait, mais surtout par les moyens qu'il
déploie pour les combattre. Armé de sa seule massue, nous
l'avons vu, il mettra à sac toute l'armée des Gos et des Magos.
Il remportera la victoire contre les Irlandais et les Hollandais
en usant du même stratagème. Deux cent cinq d'entre eux
mourront noyés dans sa bouche! Il dispose de surcroît
d'armes non conventionnelles qui ajoutent à la dimension
scatologique de sa geste. Ainsi, dans *Le vroy Gargantua* et les
Admirables, le géant, atteint de diarrhée, «dore» — pour
reprendre l'expression du sous-titre — les murs de la ville de
Londres. Le roi Arthur compare alors le flux de ses intestins à
l'artillerie la plus efficace[25]. Le héros se transforme même en
canon humain lorsque, incommodé par le navire chargé de
poudre explosive qu'il a avalé, on allume l'amorce et que le
géant fait feu «le cul vers la ville», brûlant tous les faubourgs
de la cité assiégée (*Admirables*, p. 246-248, l. 53-102). Toutes
ces péripéties guerrières qui mettent en relief le bas corporel,
ses flatuosités et ses excrétions, éloignent le protagoniste de
l'idéal chevaleresque. C'est dans cet hiatus, cet écart comique,
que se joue la parodie, que la subversion des valeurs nobi-
liaires donne sa pleine mesure.

Informées par le modèle des récits chevaleresque et his-
toriographique, les Chroniques gargantuines empruntent
donc à ces deux genres narratifs, dont les contours se surim-
posent, un certain nombre de traits distinctifs : protestations
de vérité, allusions référentielles et commentaires explicatifs,
déroulement chronologique qui rappelle la naissance du héros, ses enfances, ses combats et ses prouesses. Toutefois, par
la mise en place d'effets de grossissement et de rabaissement,
tous ces éléments se conjuguent, dans les Chroniques, pour
aménager un espace parodique, créer une distance critique,
d'où sont mis en doute, questionnés la fonction et les modalités de véridiction des récits prosaïques. L'enjeu de cette subversion parodique est réactualisé dans la conclusion de ces
textes. L'«acteur», c'est-à-dire à la fois encore l'«auctor», le
détenteur de la vérité[26], et le comédien, celui qui feint,

25. *Admirables*, p. 239, l. 1-22 ; *Le vroy Gargantua*, p. 196.
26. Dante, «Banquet», *Œuvres complètes*, A. Pézard (trad.), Paris, Gallimard, 1965, coll. «Bibliothèque de la Pléiade», IV, vi, p. 449-450. On trouvera un développement intéressant sur la double valence de ce vocable et ses
ambiguïtés dans W. Godzich et J. Kittay, *The Emergence of Prose. An Essay in
Prosaics*, p. 60-76.

déclare en vers, au milieu des protestations de vérité, le caractère «mensonger» de son conte et prie le lecteur de ne pas lui
en tenir rigueur (*La grande et merveilleuse vie*, p. 161-162, l.
44-58). Il exécute aussi cette pirouette en finale des *Admirables*
(p. 279-280, l. 72-89) et, à l'issue du *Vroy Gargantua*, fait écho
au dernier vers du *Roman de la Rose*: «Et sur ce point je
m'esveille pour boire» (p. 206). Sans aller jusqu'à affirmer
que ces livrets populaires saperaient, par le renversement burlesque, la transcendance et l'ordre du savoir qu'il fonde, les
Chroniques gargantuines participent néanmoins, précisément
par le biais de la fiction romanesque dont elles se réclament,
au questionnement épistémologique qui émerge à cette époque
dans la constitution et le rayonnement d'une discipline
proprement historique.

Documents

Le roman «épique»: l'exemple d'Anne de Graville

MAWY BOUCHARD

L'extrait qui suit — parmi lequel se trouvent quelques vers inédits — est l'œuvre d'une femme poète du nom d'Anne Mallet de Graville. L'ouvrage — composé autour de 1521 et intitulé *Le Beau Romant des deux amans Palamon et Arcita et de la belle et saige Emilia* — est une adaptation de l'épopée de Boccaccio, la *Teseida delle nozze d'Emilia*. La traduction d'Anne de Graville est une version abrégée — d'environ 3600 vers — de l'original qui regroupe plus de 10 000 vers.

Le Beau Romant des deux amans nous a été transmis par six manuscrits du XVIᵉ siècle; ils se trouvent pour la plupart dans les bibliothèques nationales de France, mais la Bibliothèque royale de Stockholm en possède aussi un exemplaire. En 1965, Yves Le Hir a publié une édition critique du *Beau Romant* à partir du manuscrit de l'Arsenal[1] (cote 5166). Il faut préciser que le travail d'adaptation d'Anne de Graville a été effectué, fort probablement, à partir d'une traduction en moyen français de 1475, dont cinq manuscrits sont encore disponibles[2]. Les titres *Le Beau Romant des deux amans Palamon et Arcita et de la belle et saige Emilia* et *La Vie de Thésée* apparaissent en tête de trois manuscrits (B.N. Paris, n.a. 719 et Arsenal, 5116; B.N. Fr., 1397), tandis que les trois autres manuscrits ne sont pas titrés.

---

1. Anne de Graville, *Le Beau Romant des deux amans Palamon et Arcita et de la belle et saige Emilia*, Paris, P.U.F., 1965. Édition épuisée.
2. Paris, B.N. n.a. 934; Chantilly, 601 (905); Oxford, Douce 329; Vienne, 2617 (superbe manuscrit orné d'enluminures).

Le Groupe d'Analyse et de Recherche Sur l'Écriture féminine du XVI⁰ siècle (GARSE)³, dont je suis membre, a effectué un travail de retour au manuscrit à partir de l'édition critique d'Yves Le Hir, en se servant d'un autre manuscrit que celui qui a donné l'édition moderne. Grâce à ce travail, nous avons pu restituer un texte très proche de l'original, en conservant l'orthographe et la ponctuation du manuscrit (soit le B.N. Paris, 25441). Notre version présente certes plusieurs omissions par rapport au texte d'Yves Le Hir, mais elle comporte aussi un certain nombre de vers inédits, entre autres les vers 1358 à 1367 qui sont reproduits à la fin de ce document.

***

Anne de Graville joua un rôle de premier plan auprès de la reine Claude, première épouse du roi François Iᵉʳ, en tant que dame d'honneur de celle-ci. Toutefois, les historiens de la littérature française du début du XXᵉ siècle, tels que Henri Hauvette, la reléguèrent aux oubliettes en écrivant, par exemple, que «[l]e remaniement poétique d'Anne de Graville enlevait à la *Teseide* [*sic*] ce caractère épique et classique dont Boccace était si fier, et la transformait, sans grand effort d'ailleurs, en un roman destiné à charmer les loisirs des dames sentimentales⁴». Maxime de Montmorand, pour sa part, écrivait dans une biographie consacrée à Anne de Graville : «Du moins l'a-t-elle [son sujet] dépouillé de tout caractère [...] et l'a-t-elle réduit aux proportions d'une simple anecdote sentimentale⁵.» Anne de Graville n'en fut pas moins reconnue à son époque comme une «dame de lettres», vaillante défenderesse de la langue française⁶. En résumé, cette épopée-roman (je reviendrai plus loin sur la spécificité de chacun de ces

3. Le groupe de recherche GARSE bénéficie de l'appui du Conseil de la recherche en sciences humaines du Canada et des Fonds pour la formation de chercheurs et l'aide à la recherche du Québec.
4. Henri Hauvette, «Les plus anciennes traductions françaises de Boccace», *Bulletin Italien*, vol. VIII (1908), n⁰ 3, p. 205.
5. Maxime de Montmorand, *Une femme poète du XVIᵉ siècle. Anne de Graville, sa famille, sa vie, son œuvre, sa postérité*, Paris, Picard, 1907, p. 154. Il s'agit de l'un des rares documents concernant le travail d'Anne de Graville ; à peine quatre ou cinq articles ont été écrits à son sujet.
6. Geoffroy Tory écrit dans son *Champ fleury* : «Et pour monstrer que nostre dict langage francois a grace quant il est bien ordonné, j'en allegueray icy en passant un rondeau que une femme d'excellence en vertus, ma dame Dentraigues, a faict et composé [...]». Le *Champ fleury* est en quelque sorte une exhortation aux poètes français à enrichir leur langue maternelle. «Ma dame Dentraigues» est le nom qu'a pris Anne de Graville à son mariage avec Pierre de Balsac d'Entraigues. On doit aussi le titre de «poétesse» à Anne de Graville pour les rondeaux qu'elle a composés en s'inspirant de *La Belle Dame sans mercy* d'Alain Chartier.

termes) raconte comment deux jeunes hommes valeureux en viennent à se battre pour l'amour d'une vertueuse dame. Thésée, roi d'Athènes, après avoir vaincu les Amazones — parmi celles-ci se trouve «la belle et saige Emilia» —, épouse leur reine, Ypolite, et ramène les deux femmes avec lui à Athènes. Puis il entreprend une guerre contre le tyran de Thèbes, Créon. Il lui livre un sanglant combat et le tue. Parmi les prisonniers des Athéniens se trouvent deux jeunes Thébains de sang royal, Palamon et Arcita. Thésée les fait enfermer dans un cachot dont la lucarne donne sur les jardins du palais. C'est de là qu'un matin de printemps, les deux jeunes gens aperçoivent Emilia. Les deux Thébains deviennent amoureux fous d'Emilia, et par conséquent, ne voient plus le temps passer, même emprisonnés. Les deux amis chevaliers deviennent rivaux et se battent en duel afin de déterminer qui des deux pourra épouser Emilia. Arcita est le vainqueur du combat, mais au cours de la parade d'honneur supervisée par Vénus, le cheval d'Arcita est renversé par une Furie, et Arcita est mortellement blessé. Sentant sa mort arriver, Arcita demande à son ami d'épouser, à sa place, Emilia. Après de longues lamentations funèbres, Palamon épouse Emilia. Le roman se termine par un rondeau évoquant les festivités de la noce d'Emilia et de Palamon. La bataille comme telle occupe la plus grande partie du «roman», tandis que la description des spectateurs et de leurs atours, l'énumération des personnages présents au combat et aux mariages (celui de Thésée et d'Ypolite, puis celui de Palamon et d'Emilia) occupent le reste de l'œuvre. L'extrait inédit (une dizaine de vers) s'insère dans un développement de la narratrice, une digression sur le pouvoir d'enchantement de Vénus et Cupidon.

Déjà dans ce résumé, nous voyons se dessiner les contours de ce que l'on appelle généralement le roman de chevalerie, caractérisé par l'alliage des aventures chevaleresques et de la quête amoureuse. L'éthique (et l'esthétique) du *Beau Romant* appartient certainement à cet univers chevaleresque issu de l'époque médiévale, une éthique qui, comme l'explique Auerbach dans *Mimésis*, possède :

> deux caractères spécifiques : elle est absolue, supérieure à toutes les contingences terrestres [...]. L'éthique féodale, l'idéal du parfait chevalier, a pu jouir de ce fait d'une très grande et d'une très longue influence ; les notions de vaillance, d'honneur, de loyauté, de respect mutuel, de raffinement, le service des dames qui se rattachent à cet idéal ont encore enchanté nombre d'hommes même à des époques où la culture avait profondément changé[7].

---

7. Erich Auerbach, *Mimésis*, Paris, Gallimard, «Tel», 1968, p. 146-147.

L'esthétique chevaleresque est particularisée, selon les
spécialistes du roman chevaleresque[8], par l'abondance d'aventures et de mésaventures d'un héros — généralement soli-
taire — qui n'a d'autre ambition que de conquérir la
bienveillance d'une dame et de jouir de ses grâces et délica-
tesses ; et encore, par le recours systématique à quelques motifs
bien précis tels que les tournois et les jeux, les enchantements
féeriques et tout l'apparat merveilleux. Comme on l'a vu dans
le résumé de la trame diégétique du *Beau Romant*, cette œuvre
présente une caractéristique qui pourrait influencer notre catégorisation : l'union du combat guerrier et de la quête amoureuse ; les personnages que nous présente cet extrait inédit —
à savoir Lancelot et la dame d'Escalot, la belle et saige Claryande ou encore la nièce du «bon» duc de Bourgogne —,
proviennent aussi de la littérature médiévale dite chevaleresque. Pourtant, il ne serait pas adéquat de nier le caractère
épique de cette œuvre (et de plusieurs autres romans de la
même époque) pour cette raison que l'amour y est traité comme
un élément fondamental. Car comme le souligne Henri Bénac[9],
l'idéal antique de l'épopée, où seul le combat héroïque avait
sa place, ne correspondait plus à l'éthique de cette fin de
Moyen Âge et de ce début de Renaissance. Les références
théoriques se trouvaient donc plutôt du côté des Italiens du
XIIIe au XVIe siècle. Dante, par exemple, laisse place à l'ambiguïté lorsqu'il définit le genre digne d'illustrer le vulgaire, en
énumérant trois «fins» (thèmes) devant faire partie de l'œuvre «illustre» : «Adonc as trois fins, salut, amour et vertu,
apparaissent comme étant les sujets suprêmes, à traiter avec le
plus d'art : telles apparaissent, pour mieux dire, les forces qui
tendent le mieux à ces fins comme prouesse d'armes, flamme

8. *Cf.* les articles, entre autres, de Robert Aulotte, «Les traductions
françaises d'épopées antiques au XVIe siècle», dans *Actes du Xe Congrès de
l'Association Guillaume Budé*, Paris, Les Belles Lettres, 1980, p. 242-244 ; Jean-
Philippe Beaulieu, «*Perceforest* et *Amadis de Gaule*, le roman chevaleresque à
la Renaissance», *Renaissance et Réforme*, 1991, p. 187-197 ; Jean Céard, «L'épopée en France au XVIe siècle», dans *Actes...G. Budé*, p. 221-241 ; Philip Hardie,
The Epic Successors of Virgil. A Study in the Dynamics of a Tradition, Cambridge ; New York, Cambridge University Press, 1993 ; Danielle Queruel, «Des
mises en prose aux romans de chevalerie dans les collections bourgui-
gnonnes», dans *Rhétorique et mise en prose au XVe siècle*, Actes du VIe colloque
International sur le moyen français, Milan, Vita e Pensiero, 1991, p. 173-193,
Lionello Sozzi, «L'influence en France des épopées italiennes et le débat sur
le merveilleux», dans *Mélanges G. Couton*, Lyon, 1981, p. 61-73, Joel Spin-
garn, «Renaissance Ideas», dans *Perspectives on Epic*, Boston, Allyn and
Bacon, 1965, p. 62-72 ; François Suard, «L'épopée médiévale tardive», dans
Actes...G. Budé, p. 219-220.
9. Henri Bénac, «Problèmes de l'épopée dans l'Europe du XVIe siècle», *Lettres d'Humanité*, n° 4, 1945, p. 167.

d'amour, et droiture de vouloir[10].» Boccaccio a suivi les re-
commandations du poète en interprétant les trois «fins»
comme si elles appartenaient à trois genres distincts, et il a
choisi d'écrire une œuvre «héroïque». Toutefois, d'autres
poètes de l'époque médiévale et pré-renaissante, n'ayant plus
les mêmes affinités avec l'époque de Dante, ont pu déterminer que l'œuvre la plus parfaite était encore celle qui alliait les
trois «fins».

De ce point de vue, serait-il juste de qualifier *Le Beau
Romant* d'«épique»? En l'analysant, on se rend compte que la
multiplicité d'aventures associée aussi au roman chevaleresque n'est pas une de ses caractéristiques, et qu'au contraire, il
présente une unité d'action typique de l'épopée : on combat
pour l'amour d'Emilia; tous les autres épisodes ne sont que
des préparatifs et des conséquences directes de cette action
principale. En effet, *Le Beau Romant* présente une simplicité,
une clarté narrative, ainsi qu'une remarquable brièveté d'élo-
cution — la narratrice insiste pour ne livrer que l'essentiel du
propos et pour le formuler le plus brièvement possible. L'unité d'action ou de «sénéfiance» du *Beau Romant* est pour le
moins respectée. Le titre, d'ailleurs, devrait attirer notre attention sur cette unicité. «*Le*» *Beau Romant* (comme *La Chanson de Roland*, *Le Roman de Thèbes*, *Le Roman de Troie*) indique
bien qu'il s'agit d'une seule histoire et non pas «des aventures» d'un personnage (ou de *La Tres Ioyeuse et Recreative
Hystoire des faitz, gestes, triomphes et prouesses des... vaillans chevaliers Milles et Amys*, [1503] des *Illustrations de Gaules et singula-
ritez de Troye* [1509] ou encore des *Affections de divers amans*
[1555].

À partir de cette observation, un certain nombre de précisions sur l'œuvre d'Anne de Graville s'imposent. Tout
d'abord, une caractéristique formelle se dégage : le vers déca-
syllabique, soit le vers héroïque. Les Italiens — Dante, Pétrar-
que et Boccaccio, qui influencèrent beaucoup les écrivains
français du XVIᵉ siècle — le préfèrent à la prose lorsqu'il s'agit
de rehausser la beauté d'une langue ou de relater les hauts
faits et exploits de grands personnages. La *Teseida* de Boccaccio, qui se veut une épopée, fut composée en vers héroïques.
Elle fut «dérimée» lors de sa traduction en français en 1475,
mais Anne de Graville eut soin de la versifier à nouveau en
1521, car, comme le rappelle Ronsard quelques années plus
tard, «le style prosaïque est ennemy capital de l'éloquence
poétique[11]».

---

10. Dante, «De l'éloquence vulgaire», dans *Œuvres complètes*, Paris,
Gallimard, «Pléiade», 1965, p. 597.
    11. Pierre de Ronsard, «Préface sur *La Franciade* touchant le poème
épique», dans *Œuvres complètes*, Paris, Gallimard, «Pléiade», 1993, p. 1161.

Par ailleurs, le sujet traité par la poétesse, ayant comme point de départ la guerre que Thésée mène contre Créon, est empreint de noblesse et de grandeur. Ses personnages, parmi les plus illustres de la mythologie grecque, sont doués d'une grande «compétence héroïque» : pensons à Thésée et à son armée de vaillants guerriers ; à Palamon et Arcita, deux Thébains de «sang noble», obéissant à l'éthique chevaleresque dans ses plus infimes détails ; à Emilia, dotée des plus grandes vertus féminines telles que l'honnêteté et la modestie. En outre, le contenu merveilleux du genre chevaleresque — la transformation médiévale des phénomènes divins de la mythologie — se voit éclipsé par des manifestations divines plus «classiques» ; les jeux et les cérémonies funèbres sont beaucoup plus proches de l'univers païen d'Homère et de Virgile que du merveilleux chrétien qui s'imposa avec le roman «chevaleresque».

Cependant, il ne faudrait pas en conclure qu'une grande distinction existe dans l'esprit des poètes entre les termes «épopée» et «roman». Malgré leur grande estime pour l'Antiquité, les poètes de la Pléiade sont ambivalents sur le choix du terme désignant l'œuvre héroïque. Ronsard, par exemple, écrit dans sa «Préface à *La Franciade*» : «Bref ce livre (la *Franciade*) est un roman comme l'Iliade et l'Æneide[12].» Peut-être y aurait-il lieu de réunir les termes «roman» et «épopée», ou encore de laisser de côté le terme «épopée»? Georges Doutrepont écrit, dans *Les Mises en prose des épopées et des romans chevaleresques du XIVe au XVIe siècle* : «Forcément d'ailleurs, les dénominations techniques adoptées par la critique manquent de l'absolue justesse qu'on voudrait voir dans cet ordre de questions [...].» Par contre, dans certains cas, comme dans l'exemple d'Anne de Graville, il serait sans doute plus juste d'annexer le qualificatif «épique» à roman, afin de le différencier des autres productions «romanesques» «moins épiques» et «plus sentimentales». Le problème de catégorisation est d'autant plus apparent, comme le souligne Baumgartner, lorsqu'il

---

12. Ronsard, «Préface sur *La Franciade* touchant le poème héroïque», dans *Œuvres complètes*, Paris, Gallimard, «Pléiade», 1993, p. 1182. La rubrique «Roman» du dictionnaire de Furetière (1690) est des plus intéressantes de ce point de vue : «Ce langage [roman] étoit composé moitié de la langue des Conquérants, ou Romain, & moitié de Gaulois, qui étoit le peuple conquis. Il a été en usage jusqu'à l'Ordonnance de 1539, jusqu'auquel temps les Histoires les plus sérieuses étoient appelées *Romans*, ou écrites en *Roman*. [...] Maintenant il ne signifie que les livres fabuleux qui contiennent des histoires d'amour & de chevalerie, inventées pour divertir & occuper des fainéants. [...] Les Poëmes fabuleux se mettent aussi au rang des *Romans* comme l'Énéïde & l'Iliade. Le *Roman* de la Rose est un *Roman* en vers. Le Roland de l'Arioste est un *Roman*.»

s'agit d'œuvres en prose, puisque la mise en prose abolit les distinctions formelles entre ce qu'on appelait chansons de geste, roman et épopée, jusqu'à ce qu'il n'y ait plus aucune différence ni dans le style de la composition et du discours ni dans la réception des œuvres[13]. La critique a tendance à se servir du mot « épopée » et de ses dérivés comme d'une mention d'excellence que l'on attribuerait à une composition littéraire passée au rang de classique. Cette conception idéalisée de l'épopée donne lieu à des appellations du type d'« épopée ratée ». Pourtant, comme le soulignait aussi Curtius, l'épopée héroïque est une forme très malléable, qui a pu se renouveler grâce à un certain nombre de transformations, et que l'on reconnaît d'abord dans ce qu'on a appelé la poésie chevaleresque, et ensuite, dans le roman en prose[14]. En considérant le terme « épopée » à partir des conceptions idéologiques de l'époque concernée, soit l'idéal chevaleresque et courtois, *Le Beau Romant* peut enfin être lu comme une œuvre assumant des fonctions politiques, telles que la défense et l'illustration d'une langue en plein essor, que l'on associe, depuis *L'Énéide*, au genre épique, et pas seulement comme une « anecdote sentimentale » ou « un roman destiné à charmer les loisirs des dames sentimentales ».

	¶ Ceste oraison de coeur dicte a merueilles
	Vint a venus iusque au fons des oreilles
	Et tout a coup veit le temple a clairsy
	Qui signe estoit dauoir don de amercy
1310	Et quelle auoit bien sa priere ouye
	Dont pallamon en pensee esiouye
	La mercya puis se leua ioyeux
	Se pourmenant par ce lieu sumptueux
	Et appersoit que paincte y est ieunesse
1315	Plaisir desir secret espoir liesse
	Que dung accord de toute leur puissance
	Faisoient honneur a dame iouyssance
	Cupido fut dessus une fontaine
	Les yeulx bendez qui de main incertaine
1320	Fleches tiroit a plusieurs dommageuses
	En faisant playe a chaicun dangereuses
	Deux fleiches eut agues par les poinctes
	Et deux aussi par grande doulceur oingtes
	Quatre en auoit fort bien enferrees dor

13. Emmanuèle Baumgartner, *Moyen Âge. 1050-1486*, Paris, Bordas, 1988, p. 180.
14. E.M. Curtius, *La littérature européenne et le Moyen Âge latin*, traduit de l'allemand par J. Brézoux, Paris, P.U.F., 1956, p. 288.

1325 Qui tira hors de son riche tresor
Dont il tyroit et rendoit ses subiectz
Trop mieulx tenuz que nul oyseau par getz
Prez de ses piedz y auoit faict de boys
Ung bel estuy quon appelle ung carquoys
1330 Bien peu use car on ny touchoit guere
Fleiches y eut dune estrange maniere
Longue seroit et facheuse a descripre
Dont nest besoing de plus auant en dire
Fors quilz estoient a la turque enuenymees
1335 Par quoy faisoient leurs plaies ennymees
Et nen peult on le frappe secourir
Quil nait le mal tousiours iusque au mourir
Mais cupido eut de sa mere ung don
Pour les bruller toutes de son brandon
1340 Ce quil fut faict se monstroit la paincture
Fors une flesche oubliee dauenture
Mais congnoissant lheure tresoportune
Tout doulcement la desroboit fortune
Qui la vendit depuis a Cupido
1345 Pour laissayer sus la royne dido
Si la trouua de semblable vertu
Et tel effect que au premier auoit eu
Bien laprouua sapho yseud phillis
Sigismonde felice amordelis
1350 La dame aussi que on nommoit descallot
Qui trop ayma messire lancelot
Et ceste la nee en northonbelland
Pour qui phebus feit mainte chose grande
OEnone Aulde Laodomye
1355 Et Sollomine de gloriant amye
Yxiphile Sorbine et thessala
Qui en mourant absalon acolla
De telle mort fut prise et succumbee
La vertueuse dame et tresbelle thisbee
1360 *Semblablement en fut par trop friande*
La belle dame et saige claryande
Aussi mourut pour laurin trop amer
Celle qui fut contesse de gomer
Et si puis bien auecques elle mectre
1365 *De iheromime oultree pour siluestre*
Puis la niepce au bon duc de bourgogne
Que son amy feit mourir de vergogne
Aultres assez dont laisse le propos
Car leurs espriz sont au port de repos
1370 Depuis ce temps antique et de long aaige
Nous auons eu en france lauantaige

Que ceste fleche a peu execute
Car maint amanct daymer sest rebute
Comme on ma dit auant le sien trespas
1375 Sil ont bien faict ie ne le mescroys pas[15]

---

15. Les vers en italique sont absents de l'édition critique d'Yves Le Hir. L'orthographe du manuscrit ayant été respectée, les « i » et les « j » ainsi que les « u » et les « v » ne sont pas dissimilés dans notre texte. De plus, les noms propres ne sont pas orthographiés avec la majuscule.

Les romans chevaleresques de la fin du Moyen Âge et de la Renaissance : éléments de bibliographie

PIERRE SERVET

Cette bibliographie ne prétend pas offrir un panorama exhaustif des romans chevaleresques des XVᵉ et XVIᵉ siècles. À la fin du Moyen Âge, les dérimages des romans en vers se multiplient et il n'est pas rare que coexistent plusieurs versions en prose d'un même texte : toutes n'ont pas été éditées. De délicats problèmes de classement se posent entre les romans à tendance arthurienne, ceux qui privilégient un ancrage historique et ceux que l'on pourrait qualifier de romans sentimentaux. Sans méconnaître l'ambiguïté de la notion de genre dans la littérature médiévale, nous essayons cependant de proposer une bibliographie raisonnée de cette production. Par ailleurs, il ne nous a pas paru opportun d'opérer une distinction complète entre les œuvres du XVᵉ siècle et celles de la Renaissance, car si la pratique du dérimage s'essouffle au XVIᵉ siècle, l'imprimerie diffuse désormais massivement les romans des siècles précédents. De cette abondante production, souvent imprimée, mais parfois restée manuscrite, seuls quelques titres ont bénéficié d'une édition moderne ou sont en passe d'en bénéficier. La plupart doivent toujours être lus dans leur édition d'époque : nous les mentionnons lorsqu'ils nous paraissent présenter des aspects originaux, espérant ainsi susciter les éditions qui font encore défaut.

Sur cette production, on consultera :

– Georges DOUTREPONT, *Les Mises en prose des épopées et des romans chevaleresques*, Bruxelles, 1939.
– Jean FRAPPIER, « Les romans de la Table Ronde et les lettres en France au XVIᵉ siècle », dans *Romance Philology*, n° 19, 1965-66, p. 178-193.
– Élisabeth GAUCHER, *La Biographie chevaleresque. Typologie d'un genre. XIIIᵉ-XVᵉ siècle*, Paris, Champion, 1994.
– C. E. PICKFORD, *L'Évolution du roman arthurien en prose vers la fin du Moyen Âge*, Paris, 1960.
– C. E. PICKFORD, « Les éditions imprimées de romans arthuriens en prose antérieures à 1600 », dans *Bulletin bibliographique de la Société Internationale Arthurienne*, n° 13, 1961, p. 99-109.

Romans chevaleresques d'inspiration arthurienne :

• **Fin XIVᵉ–XVᵉ siècles**

– *Le Chevalier au papegaut*, éd. F. HEUCKENKAMP, Halle, 1896 ; trad. Danielle RÉGNIER-BOHLER, dans *La Légende arthurienne*, Paris, Robert Laffont « Bouquins », 1989, p. 1079-1162.
– CHRÉTIEN DE TROYES, mise en prose (1454) de *Cligés*, éd. W. FOERSTER, Halle, 1884, p. 281-338, et d'*Érec* (milieu du XVᵉ s.), éd. W. FOERSTER, Halle, 1890, p. 251-294.
– Jean FROISSART, *Meliador*, éd. A. Longnon, Paris, 3 vol., 1895-99. Trad. partielle F. BOUCHET, dans *La Légende arthurienne*, Paris, Robert Laffont « Bouquins », 1989, p. 1039-1078.
– *Perceforest*, éd. J. H. M. FOREST (première partie) Genève, Droz, 1979 ; puis Gilles ROUSSINEAU (troisième et quatrième parties).
– *Ysaye le Triste*, éd. André GIACHETTI, Rouen, publ. de l'Univ. de Rouen, n° 142, 1989 ; trad. du même, Rouen, publ. de l'Univ. de Rouen, n° 193, 1993.

• XVIᵉ siècle

– *Perceval le Gallois* (Paris, Jehan Longis, Jehan Sainct Denis et Galliot du Pré, 1530), éd. Alfons HILKA en annexe à son édition du roman de Chrétien de Troyes, Halle, 1932.

– *Le Petit Artus de Bretagne*, éd. Nicole CAZAURAN et Christine Ferlampin-Acher (fac-similé de l'édition de Paris, Nicolas Bonfons, 1584), Paris, Presses de l'École Normale Supérieure, à paraître début 1996.

– Pierre SALA, *Tristan*, éd. Lynette MUIR, Genève-Paris, Droz-Minard, 1958.

– Pierre SALA, *Le Chevalier au lion*, éd. Pierre SERVET, Paris, Champion, à paraître début 1996.

Romans chevaleresques à substrat historique :

• XVᵉ siècle

– *Baudoin de Flandre*, reproduction de l'éd. A. Neyret, Chambéry, 1485, par C.P. SERRURE et P. VOISIN, Bruxelles, 1836. Pas d'édition critique.

– *Histoire de Gillion de Trazegnies et de Dame Marie, sa femme*, éd. O. L. B. WOLFF, Paris-Leipzig, 1839. Voir la traduction de ce roman par Monique SANTUCCI, dans *Splendeurs de la Cour de Bourgogne*, Paris, Robert Laffont « Bouquins », 1995, p. 251-370.

– *Histoire des seigneurs de Gavre*, éd. René STUIP, Paris, Champion, 1993.

– *Gilles de Chin*, mise en prose du XVᵉ siècle, éd. R. CHALON, Mons, « *Publications de la Société des bibliophiles de Mons* », nᵒ 4, 1837.

– *Guy de Warwick*, remaniement en prose du XVᵉ siècle, éd. D. J. CONLON, Chapel Hill, 1971, « North Carolina Studies in the Romance Languages and Literatures », nᵒ 102.

– *Jean d'Avesnes*, éd. Danielle Quéruel, à paraître chez Champion ; trad. partielle dans *Splendeurs de la Cour de Bourgogne*, Paris, Robert Laffont, 1995, p. 373-409.

– *Le Livre du roi Rambaux de Frise*, éd. B. NELSON SARGENT, Chapel Hill, 1967, « Studies in the Romance Languages and Literatures » nᵒ 69.

– Pierre de LA CÉPÈDE, *Paris et Vienne*, éd. R. KALTENBACHER, dans *Romanische Forschungen*, 1904, t. 15.

• XVIᵉ siècle

– Gilles CORROZET, *Richard sans peur*, éd. D. J. CONLON, Chapel Hill, 1977, « North Carolina Studies in the Romance Languages and Literatures », nᵒ 192.

Romans chevaleresques à tonalité sentimentale :

• **XVᵉ siècle**

 – *Cleriadus et Meliadice*, éd. Gaston ZINK, Genève, Droz, 1984.
 – *La Fille du comte de Ponthieu*, version du XVᵉ siècle, éd. Clovis BRUNEL, Paris, Champion, 1923 ; trad. Danielle QUÉ-RUEL, dans *Splendeurs de la Cour de Bourgogne*, Paris, Robert Laffont «Bouquins», 1995, p. 411-464.
 – GERBERT DE MONTREUIL, mise en prose de *Gérard de Nevers* (XVᵉ siècle), éd. L. F. H., Princeton, 1928.
 – *Le Livre des amours du Chastellain de Coucy et de la Dame de Fayel*, mise en prose du XVᵉ siècle éd. Aimé PETIT et François SUARD, Lille, Presses Universitaires de Lille, 1994.
 – *Pierre de Provence*, éd. A. BIEDERMANN, Halle-Paris, 1913 ; éd. R. COLLIOT pour la version écourtée de 1453, Paris-Aix-en-Provence, *Senefiance* nᵒ 4).
 – *Ponthus et Sidoine*, éd. à paraître, M. Cl. DE CRÉCY.

Adaptations et traductions :

• **XVIᵉ siècle**

 – L'ARIOSTE, *Roland furieux*, nombreuses traductions partielles à partir de 1555.
 – HERBERAY DES ESSARTS, *Amadis de Gaule. Le premier livre*, éd. Hugues VAGANAY, présentée et annotée par Yves GIRAUD, Paris, Nizet, 1986.

Romans originaux :

• **XVᵉ siècle**

 – Antoine de LA SALE, *Saintré*, édité par Mario Eusebi, Paris, Champion (*CFMA* nᵒ 114-115), 1993-1994. Traduit en français moderne par Roger Dubuis, Paris, Champion, 1995.

Sur ce roman, dont l'ambiguïté est connue depuis bien long-temps, lire :
  - Guy R. MERMIER, «*Jehan de Saintré* "nouveau roman" médiéval», dans *Fifteenth Century Studies*, vol. VIII, 1983, p. 141-158.
 – *Jean de Paris*, éd. E. WICKERSHEIMER, Paris, 1923.
  - O. JODOGNE, «Le roman de *Jean de Paris* et le roi Charles VIII», dans *Bulletin de l'Académie royale de Belgique, Classe des lettres et des sciences morales et politiques*, t. 65, 1979, p. 105-120.

– Philippe CAMUS, *L'Histoire d'Olivier de Castille et Artus d'Algarbe*, éd. en préparation de Danielle RÉGNIER-BOHLER.

- Danielle RÉGNIER-BOHLER, « Traditions et structures nouvelles chez Philippe Camus : la genèse de *L'Histoire d'Olivier de Castille et Artus d'Algarbe* », dans *Actes du 5ᵉ colloque international sur le moyen français* (Milan 6-8 mai 1985), t. 3, p. 54-72.

• **XVIᵉ siècle**

– Barthélemy ANEAU, *Alector*, éd. Marie-Madeleine FONTAINE, à paraître chez Droz.

Sur ce roman complexe, qui emprunte la trame du roman chevaleresque un peu à la manière de Rabelais, lire :
- Marie-Madeleine FONTAINE, « *Alector*, de Barthélemy Aneau, ou les aventures du roman après Rabelais », dans *Mélanges V. L. Saulnier*, Genève, Droz, 1984, p. 547-566.
- Pierre SERVET, « Alector et le roman d'aventures médiéval », dans *Réforme, Humanisme, Renaissance*, nᵒ 39, 1994, p. 45-73.

– Helisenne DE CRENNE, *Les Angoysses douloureuses qui procèdent d'amours*, édition de la première partie procurée par Paule DEMATS, Paris, les Belles-Lettres, 1968.

Ce sont malheureusement les deux autres parties de ce roman qui illustrent le devenir de l'univers chevaleresque ; elles ne sont accessibles que par le fac-similé de l'édition Grouleau (1560), Slatkine reprint, 1970. Voir :
- Jean-Philippe BEAULIEU, « où est le héros ? La vacuité de la quête chevaleresque dans les *Angoysses douloureuses* d'Hélisenne de Crenne », dans *Sagesse, démesure et folie dans la littérature chevaleresque, le poème héroïque et l'épopée en Europe à la Renaissance* (Actes du colloque international de Saint-Étienne, 21-23 octobre 1994), Presses de l'Université de Saint-Étienne, à paraître.

Il faudrait enfin une édition moderne du *Livre des Visions d'Ogier le Dannoys au Royaulme de Fairie*, de François Habert (Paris, 1542) et du *Nouveau Tristan* de Jean Maugin (Paris, 1554, Veuve Maurice de la Porte), œuvre originale sur laquelle on consultera :
– Laurence HARF-LANCNER, « Tristan détristanisé : Du *Tristan* en prose (XIIIᵉ siècle) au *Nouveau Tristan* de Jean Maugin (1554) », dans *Nouvelle Revue du seizième siècle*, 1984, nᵒ 2, p. 5-22.

Exercices
de lecture

Le soi et le double dans *L'Âtre périlleux*

LISE MORIN

Au-delà des démonstrations de vaillance obligées, remplies d'estocades magistrales et du fracas des boucliers rompus, la grande aventure chevaleresque est avant tout d'ordre intérieur et se confond bien souvent avec la quête de l'identité. Comme pareille recherche ne saurait s'accomplir dans la presse de la cour arthurienne, la solitude de l'errance s'impose, qui agit sur la personnalité à la manière d'un révélateur; elle permet au chevalier en devenir d'acquérir ou de mériter ce nom par lequel se manifeste, en un raccourci prodigieux, son essence. Chevalier modèle admiré à l'envi, Gauvain se voit évincé d'office du premier rôle : son identité est trop connue pour donner lieu à un dévoilement graduel. À moins, bien sûr, de dépouiller d'entrée de jeu le *bon chevalier*[1] de son nom et d'une réputation par trop envahissante et quelque peu momifiante. L'auteur de *L'Âtre périlleux*, un roman daté approximativement du milieu du XIIIᵉ siècle, a recours à cette astuce narrative. Gauvain ne devient pas pour autant l'égal de l'un de ces obscurs apprentis chevaliers qui se découvrent pour la première fois dans toute leur vérité au cours de l'aventure, comme dans une nouvelle matrice qui fixerait des traits restés secrets jusqu'alors, avant de révéler leur identité profonde à une communauté arthurienne éblouie de surprise et de contentement. L'espace de la quête étant pratiquement interdit à Gauvain puisqu'il ne peut guère progresser, lui qui est déjà paré de toutes les vertus, c'est donc dans l'espace

---

1. (Anonyme), *Perilous Cemetery — L'Âtre Périlleux*, édité et traduit par Nancy B. Black, New York and London, Garland Library of Medieval Literature, 1994, vers 3.

— original — de la reconquête, qu'il déploiera ses prouesses.

L'auteur anonyme de *L'Âtre périlleux* serre au plus près son sujet dans le récit, et à aucun moment ne fait dévier Gauvain de cette trajectoire rédemptrice qui lui permettra de restaurer son image de chevalier parfait. Trois moments principaux structurent l'œuvre : l'éclatement initial de l'identité de Gauvain, l'épisode éponyme, et la reconstitution de l'identité perdue. Une relecture de ces trois phases invitera à revoir certaines des affirmations de la critique sur la structure de l'œuvre.

La problématique de l'identité se cristallise déjà dans l'ouverture du récit, qui présente à la fois un témoignage éloquent de la valeur de Gauvain et un accroc flagrant à cette réputation. Au point de départ, une jeune femme fait son apparition à la cour arthurienne et sollicite du roi la faveur de servir à sa table en qualité de *boutelliere* (v. 49). Elle le prie aussi de lui accorder la protection du meilleur chevalier de la cour pendant la durée de son séjour. Le roi acquiesce de bonne grâce à la première demande, mais il décline l'invitation d'élire le meilleur chevalier et engage la demoiselle à effectuer seule ce choix. Comme celle-ci se dérobe à son tour à cette redoutable responsabilité, Arthur lui fait une réponse digne d'un diplomate accompli :

> « Ja Dix », fait li rois, « ne me voie
> Quant j'en sai le mellor eslire,
> Mais je vous veul proiier et dire
> Que vous m'otroiiés une riens,
> Se vous veés que ce soit biens :
> Sans ellire, vous veul baillier
> En la garde a un chevalier
> Bel et prox et courtois et sage ;
> Et s'il ne fust de mon lignage
> J'en deïsce une grant parole. » (vers 80-87)

Il lui offre la protection de Gauvain, mais sa modestie le retient de décerner à un homme de son lignage le titre de meilleur chevalier. La proposition agrée à la visiteuse, qui souhaitait justement voir Gauvain investi de cette fonction :

> « Sire », fait ele, « quant je vinc ça,
> Me fu forment Gavain loé,
> Et g'i remain par vostre gré,
> Car ne vous demant se lui non. » (vers 96-99)

On ne peut s'y tromper : quoique ni la jeune femme ni le roi ne souhaitent prendre la responsabilité d'attribuer une reconnaissance sociale aussi prestigieuse à quelque chevalier que ce soit, tous deux s'entendent à mots couverts pour en gratifier Gauvain. Le passage montre aussi que la réputation de Gauvain dépasse les frontières du royaume arthurien.

Le lendemain matin, alors que la belle s'affaire au service, un chevalier tout armé et monté à cheval s'introduit dans la salle où déjeunent les convives et interrompt brutalement le repas. L'intrus fait monter la *boutelliere* sur son cheval et lance un défi à tout chevalier de la cour désireux de protester contre ce rapt. Quoique expressément commis à la garde de la jeune femme par le roi, Gauvain, contre toute attente, ne réagit pas à l'enlèvement. L'attitude amorphe du neveu du roi incite Keu à se porter volontaire pour laver l'honneur de la cour. Le comportement de Gauvain ne laisse pas de surprendre : comment le parangon de toutes les vertus, à qui l'on vient tout juste d'octroyer implicitement le titre de meilleur chevalier de la cour arthurienne, peut-il se soustraire ainsi à ses obligations et jeter l'opprobre sur le roi, alors même que celui-ci s'est engagé officiellement à l'endroit de la demoiselle ? À la décharge de Gauvain, notons que ce n'est pas la couardise qui est à l'origine de son abstention, mais un souci de politesse déplacé. Il préfère en effet encaisser l'affront en silence plutôt que de faire preuve d'impolitesse en se levant de table pendant le repas du roi. Voilà qui montre bien qu'un formalisme excessif peut devenir source de turpitude. Mais, toute exécrable qu'elle soit, l'inconduite de Gauvain n'en est pas moins précieuse du point de vue narratif, puisqu'elle donne le branle à l'aventure tout entière. Comme le rappelle Keith Busby, la faute est souvent la condition nécessaire de la quête ; et pour que Gauvain devînt la principale figure de l'aventure, il fallait bien qu'il commît quelque impair au préalable[2].

L'amertume du roi devant l'inaction de son neveu pousse Gauvain à prendre conscience de sa faute et à se lancer à la poursuite du ravisseur. Il rencontre en route trois jeunes femmes éplorées qui lui apprennent rien moins que sa propre mort. Bien sûr, il y a méprise sur la personne, on l'a confondu avec un autre chevalier ; il n'en reste pas moins qu'un double[3] de Gauvain est mort et qu'un jeune homme a eu les yeux crevés pour s'être porté à la défense du pseudo-Gauvain. Piquante ironie, celui qui s'est toujours fait un point d'honneur de divulguer son nom à qui voulait l'entendre se voit ici dans l'obligation de taire son identité jusqu'à ce qu'un duel judiciaire fasse la preuve qu'il est bien le véritable Gauvain.

2. Keith Busby, « Diverging Traditions of Gauvain in Some of the Later Verse Romances », *The Legacy of Chrétien de Troyes*, éd. par Norris J. Lacy, Douglas Kelly et Keith Busby, Amsterdam, Rodopi, 1988, p. 103.
3. Voir Nancy Black, *op. cit.*, p. XIV.

Les deux passages évoqués gomment le halo de légende qui entoure Gauvain, car le neveu du roi se trouve tout à la fois dépossédé de sa réputation de chevalier exemplaire et de son nom. L'ouverture du récit plonge en quelque sorte le héros dans les limbes littéraires en faisant de lui un être temporairement indifférencié des autres chevaliers. Cependant, comme elle devient l'instrument d'une possible régénération, cette destitution initiale qualifie Gauvain pour l'Aventure.

À cette « disgrâce » en deux temps succède l'épisode qui donne son nom au récit, et dont la critique a jugé qu'il s'insérait mal dans la structure générale de l'œuvre. Contraint de passer la nuit hors des murs d'une ville, Gauvain cherche refuge dans un cimetière. Une demoiselle sort d'une tombe et lui raconte qu'une belle-mère jalouse lui a fait perdre ses esprits mais qu'un diable l'a libérée de ce sort en échange de ses faveurs. Depuis sa guérison, la « morte vivante[4] » passe tout le jour emprisonnée dans son tombeau et se voit contrainte la nuit de servir d'esclave sexuelle au diable. Elle demande à Gauvain de la libérer de cette tyrannie. Sur ces entrefaites, le diable fait son apparition. Un combat acharné s'engage entre lui et le représentant de Dieu, Gauvain, qui puise une partie de sa force dans la contemplation de la croix. Gauvain remporte la victoire et tue son adversaire. Loin de constituer une sorte de hors-d'œuvre isolé dans le récit, cette séquence surnaturelle préfigure la résurrection de Gauvain, qui passera de la mort sociale à la vie, tout comme la belle passe de la mort symbolique à la vie. Que la jeune femme ait été ballottée de « sagesse » à « folie », et inversement, met davantage encore en relief l'idée de *passage*. Or, l'épisode marque précisément le passage entre la détérioration initiale de la situation de Gauvain et son redressement prochain. Le narrateur précise aussi que la victoire de Gauvain fait perdre son nom au cimetière : « L'Âtre avoit son non perdu » (v. 1443). Cette insistance sur le nom n'est pas gratuite, elle rappelle l'aventure qui attend Gauvain. La présence d'un segment de récit essentiellement symbolique se justifie aisément, puisque Gauvain n'est pas réellement mort et que la reconquête de ses attributs s'effectuera, pour une large part, sur un mode allégorique. Toute la séquence constitue une forme de mise en abyme de l'intrigue principale, ce qui explique que l'auteur ait choisi de donner à l'œuvre entière ce titre de « l'âtre périlleux ». Il s'agit donc d'un épisode-charnière, qui fait le lien entre la phase de la dépossession et celle de la reconquête.

---

4. Anne-Marie Cadot, « Le Motif de l'Aître périlleux : la christianisation du surnaturel dans quelques romans du XIIIe siècle », *Marche romane*, t. XIII (1980), p. 32.

Diverses aventures s'enchaînent ensuite, qui mettront Gauvain aux prises avec de nombreux adversaires. Il combat d'abord Escanor, le ravisseur de la *boutelliere*. Curieusement, le narrateur a revêtu Escanor de propriétés solaires traditionnellement dévolues à Gauvain. Le poète de *L'Âtre périlleux*, qui manifeste une connaissance très poussée de la littérature arthurienne et, qui plus est, a lu *Le Conte du graal* [5], ne pouvait ignorer que ce trait appartient à l'archétype de Gauvain. L'auteur n'aurait-il imaginé ce transfert flagrant de facultés que pour suggérer qu'Escanor constitue un reflet, bien qu'imparfait, de Gauvain? C'est possible. En outre, la demoiselle de l'âtre périlleux, qui assiste à la poursuite, précise que la propre mère de Gauvain avait prédit que son fils n'avait à redouter nul adversaire, à l'exception d'Escanor. Si l'issue du combat ne peut être décidée, ne serait-ce pas pour marquer que les deux chevaliers, de force égale, sont des doubles l'un de l'autre?

Gauvain viendra à bout de son double maléfique, bien sûr, mais non sans avoir à forcer le destin : il attend le déclin du soleil avant de livrer combat, il vise le cheval d'Escanor, ravit le bouclier de son opposant, dans lequel son épée était restée fichée. Et surtout, il refuse d'accorder grâce à son adversaire et le tue, malgré la prière insistante de ce dernier, pour la seule raison que sa mère lui avait conseillé de se méfier d'Escanor. On peut penser que la victoire de Gauvain marque le début de la reconquête des diverses composantes de sa personnalité, en vertu d'une vieille croyance magique qui investit le vainqueur de la force vitale et des attributs du vaincu. Et la cruauté de Gauvain à l'égard d'Escanor pourrait souligner que le héros n'est qu'au début de sa rédemption et qu'il est loin de la perfection première.

Un autre duel oppose le héros à Espinogre, le roi de la Rouge Cité. Ce chevalier raconte qu'il a longuement prié une jeune femme de devenir son amie. Elle s'est refusée à lui aussi longtemps que la réputation de son prétendant n'a pas été suffisamment éclatante et qu'il ne lui a pas juré fidélité. Elle a même exigé que Gauvain serve de garant, et Espinogre a donné son accord à cette entente, bien qu'il fût persuadé que Gauvain avait été tué. Sitôt obtenues les faveurs de son amie, le roi n'a rien de plus pressé que de courtiser une autre femme. Par l'une de ces coïncidences chères aux écrivains médiévaux, Gauvain apprend qu'il a été cité comme garant dans le *covenant* intervenu entre Espinogre et son amie. Dès

---

5. L'auteur de l'*Âtre périlleux* fait allusion à cette scène du *Conte du graal* où le roi Arthur accorde à Perceval les armes du Chevalier Vermeil, qui vient de lui ravir une coupe d'or (v. 5124-35).

lors, il a l'obligation morale de prendre les armes contre Escanor. Il ne révèle pas ouvertement son identité, mais déclare :

[...] « Ce est l'estrox.
J'amai tant monsegnor Gavain
Ke je feroie que vilain
Se je soufroie qu'il eūst
Reproce la u mes cors fust,
Ne se il a mort u a vie
Estoit retés de vilenie. » (vers 3370-76)

Est-ce un hasard si, encore une fois, Espinogre hérite d'une des principales caractéristiques de Gauvain : l'inconstance ? Il faut certainement exclure la possibilité que l'auteur ait ignoré ce trait... L'explication déjà avancée, selon laquelle chacune des victoires de Gauvain traduit la reconquête symbolique de l'un des éléments épars de sa personnalité, semble plus satisfaisante.

Au cours de l'aventure, Gauvain se fait voler son cheval par un chevalier jaloux nommé Codrovain le Roux qui avait aperçu le *bon chevalier* auprès de son amie, occupé à récupérer l'épervier que la belle avait laissé s'échapper. Dans un moment de colère, Codrovain confisque les montures et abandonne les deux jeunes gens dans la forêt, sans ressources. Heureusement, Raguidel de l'Angarde croise leur route le lendemain matin et leur fait don d'un destrier et d'un palefroi. Pour apaiser la faim de la demoiselle à l'épervier, Gauvain « est obligé de s'introduire dans un château et de prendre, comme un vulgaire voleur, la nourriture et la boisson préparées pour les gens du logis[6] », car l'hôtesse refuse de les lui offrir. Raguidel réapparaît à ce moment dans le récit et réclame comme *gueredon* la main de la demoiselle égoïste. Gauvain retourne au château chercher la pucelle, qui se met à crier pour alerter l'attention de ses sept frères. La belle déplore amèrement la mort de Gauvain car, dit-elle, il l'aurait sauvée d'un tel déshonneur. Mais quand elle comprend que son ravisseur la donne à celui qu'elle aime d'amour, elle revient à de meilleurs sentiments et fait amende honorable. Cependant, Codrovain a déjà perçu l'appel au secours de sa sœur et vient demander des comptes au héros. Celui-ci, qui reconnaît Gringalet dans le cheval que monte Codrovain, met flamberge au vent pour récupérer son destrier. Ce nouveau combat lui rend la possession d'un autre de ses attributs : Gringalet. Selon Cristina Álvares, « la récupération du cheval

6. Philippe Ménard, *Le Rire et le Sourire dans le roman courtois en France au Moyen Âge (1150-1250)*, Genève, Droz, 1969, p. 306.

est une étape importante dans la quête de l'identité, comme Busby le suggère, car la récupération de son nom sera désormais une affaire rapidement réglée[7] ». Quelques passages témoignent bien de l'affection que Gauvain porte à son cheval. Ainsi, le neveu du roi préfère loger dans le cimetière périlleux plutôt que d'exposer sa monture à quelque danger[8]. Un jeune homme témoin de sa réaction n'hésite pas à qualifier sa conduite d'insensée. Gauvain s'identifie d'ailleurs à ce point à sa monture et à son épée qu'il refuse d'échanger l'un et l'autre contre « *Un ceval fort et desree/Roide et isnel et lanceïs/Le mellor de tout le païs* » (vers 2022-24) et contre l'épée claire et tranchante que lui offre un bourgeois hospitalier et généreux. Cependant, il accepte avec reconnaissance le heaume, le haubert, l'écu et les chausses que son hôte met gracieusement à sa disposition.

Au cours de sa recherche, Gauvain apprend le nom des meurtriers de son sosie : L'Orgueilleux Faé et Goumeret sans Mesure. Les deux hommes ont publié à tout venant leur victoire sur Gauvain et se tiennent prêts à soutenir leur parole par les armes. Comme la date limite fixée pour contester leurs prétentions devient imminente, Gauvain charge Espinogre de combattre en son nom Goumeret, tandis que lui-même affrontera le Magicien. Que Gauvain délivre une procuration à son compagnon conforte la thèse qui veut que le roi de la Rouge Cité, comme tous les autres chevaliers qui prennent part à un combat singulier qui les oppose à Gauvain, fait figure de double du héros. En sa qualité de champion de Gauvain, Espinogre ne peut qu'obtenir la victoire. Gauvain aussi accule bien entendu son adversaire à la défaite. Notons au passage que le Magicien promet de ressusciter le faux Gauvain et de rendre la vue à Martin, le jeune valet qui avait voulu porter secours à Gauvain. Or :

[a]u Gauvain qu'il avait dépouillé de tous ses privilèges pour mieux le mettre sur la voie d'humilité, de patience et de renoncement qui devait le mener à la conquête de la Lance, Chrétien avait laissé un don médical, venu de la tradition héroïque (Héraclès était un dieu thérapeute), et peut-être de l'hagiographie où les saints guérisseurs sont légion. Après avoir «réveillé» une première fois le blessé de la *bosne de Galvoie*, Gauvain revient, comme il l'avait promis à l'amie du chevalier. Mais en chemin, lui qui savait *plus que nus hom de garir plaie*

7. Cristina Alvares, «Gauvain, les femmes et le cheval», *Le Cheval dans le monde médiéval*, Aix-en-Provence, Centre Universitaire d'Études et de Recherches Médiévales d'Aix, 1992, p. 31-41.
8. Marie-Luce Chênerie, *Le Chevalier errant dans les romans arthuriens en vers des XIIe et XIIIe siècles*, Genève, Droz, 1986, p. 671.

(*Perceval*, v. 6911), il cueille une herbe [...]. Le blessé se «réveille une seconde fois, remercie Gauvain de l'avoir arraché de la mort sans confession[9]» [...].

Ne peut-on lire dans les vertus thérapeutiques du Faé un rappel des dons guérisseurs que possède Gauvain dans le *Conte du graal*? La logique de l'entreprise de réintégration symbolique, amorcée avec l'épisode de l'âtre périlleux, nous y invite fortement. Ce nouveau combat met un terme à la dépersonnalisation de Gauvain : une fois l'imposture du Faé démontrée par les armes, le neveu du roi récupère son nom et peut le décliner fièrement à son adversaire.

À la fin du récit, Gauvain doit prendre les armes contre le Laid Hardi, qui vient tout juste de vaincre Espinogre, Goumeret et le Magicien. Encore une fois, le texte présente l'adversaire comme un égal de Gauvain :

> Nus hom qui le poïst veoir
> N'en seûst dire le meillour.
> Jusc'au vespre que faut le jour,
> Se conbatent issi sans faille
> Que le miudre de la bataille
> N'en sorent eslire li troi
> Qui erent a pié en l'aunoi. (vers 6066-72)

L'issue du combat aurait d'ailleurs été indécise si le Laid Hardi n'avait déposé les armes après avoir appris l'identité de son adversaire. Cristina Álvares écrit : «Le Laid Hardi serait-il le reflet laid de Gauvain, son double sauvage dominé, repenti et (ré)intégré à la cour? Si Gauvain n'a rien à échanger [*sic*] avec lui, c'est que le Laid Hardi n'est pas un autre : il est le même[10].» La victoire sur le Laid Hardi n'apparaît pas superflue mais devient hautement signifiante, puisque le Chevalier Noir a défait successivement plusieurs des doubles de Gauvain — rappelons qu'Escanor est mort et que Codrovain a perdu toute ressemblance avec Gauvain sitôt le Gringalet rendu à son propriétaire. Restent les chevaliers porteurs de traits propres à Gauvain : Espinogre l'inconstant et le Magicien thérapeute. Quant à Goumeret sans Mesure, le texte ne permet pas de faire ample connaissance avec lui. Peut-être faut-il voir dans son nom une allusion à l'admonestation que l'Orgueilleuse de la Lande sert à Gauvain dans *Le Conte du graal* : «*et ele li crie : "Mesure/Mesure, sire,*

9.   *Ibid.*, p. 612-13.
10. Cristina Álvares, *op. cit.*, p. 38.

or belement/Car vos venez molt folement"[11]». Il ne faut pas oublier non plus que le héros n'a pas affronté directement Goumeret; il l'a emporté sur lui par personne interposée. Selon cette vieille logique qui veut que le gagnant s'approprie la substance vitale du vaincu, il fallait que le neveu du roi combatte le chevalier en qui se sont transférées les propriétés de Goumeret. Puisque le Laid Hardi apparaît comme un double de Gauvain plus complet que les répliques partielles sur qui il l'emporte facilement, sa défaite aux mains de Gauvain, fût-elle symbolique (il s'incline devant son adversaire après avoir appris son identité), marque l'achèvement de la reconquête. Après s'être réapproprié un par un tous ses attributs, Gauvain récupère son identité d'un coup.

Loin d'avoir été négligent dans la composition du récit, le poète s'est montré attentif à bien motiver les épisodes sur un plan symbolique et narratif. Si Gauvain doit traverser diverses épreuves et mener plusieurs combats dont chacun lui permettra de reconquérir l'un de ses attributs, c'est parce qu'il a été démembré de façon symbolique : les meurtriers ont en effet découpé en pièces le faux Gauvain, le malheureux Cortois de Huberlant. Tous les combats singuliers dans lesquels s'engage Gauvain débouchent d'ailleurs sur la réappropriation d'un trait de son identité. La présence du pseudo-Gauvain fournit la clef du récit : c'est elle qui, en premier lieu, met le lecteur sur la piste du double. La ressemblance entre Gauvain et ses doubles sauvages est avivée du fait que le neveu du roi se rend coupable de méfaits propres à l'homme sauvage : l'enlèvement de la femme et l'exercice de la tyrannie. Lorsqu'il refuse d'accorder grâce à Escanor en dépit des supplications répétées du vaincu, Gauvain impose sa loi plutôt que de se plier à l'usage courtois. De même, il enlève l'Orgueilleuse dame après avoir dérobé chez elle des provendes destinées à la demoiselle à l'épervier. Sans doute y est-il tenu par la promesse faite à Raguidel; sans doute encore l'action n'aura-t-elle que des suites heureuses. Il n'en demeure pas moins que cette brutalité passagère peut apparaître comme une réminiscence de la condition sauvage.

Cohérence sur le plan narratif, disions-nous aussi : le poète maîtrise à la perfection la technique de l'entrelacement, qui lui permet, grâce aux *dons, gueredons, covenants* qui traversent le récit, de souder entre eux les épisodes et de maintenir un certain suspense[12]. La constance avec laquelle Gauvain réaffirme sa valeur tout au long de l'aventure, en

---

11. Chrétien de Troyes, *Le Roman de Perceval ou le Conte du graal*, éd. par William Roach, Genève/Paris, Droz/Minard, 1959 (2e éd.), vers 8050-52.
12. Voir Nancy B. Black, *op. cit.*, p. XVII.

prenant la défense des demoiselles *desconseillees* ou soumises à la violence masculine, assure aussi la cohérence du texte. «Voilà pourquoi, écrit Marie-Louise Ollier, inlassablement, Gauvain reconquiert son nom en se vouant sans réserve à la vocation de prouesse et de courtoisie qui le définit[13].» Deux autres traits, relevés par Keith Busby[14], consolident l'unité de l'ouvrage : le désir des chevaliers de montrer à leurs amies leur supériorité sur Gauvain, et les services répétés de Gauvain comme agent matrimonial.

Il faudrait aussi faire un sort au thème du partage, qui traverse l'œuvre de part en part. Une solution s'offre à Gauvain, lorsqu'il hésite dans la séquence d'ouverture sur la conduite à tenir : attendre la fin du repas ou partir à la poursuite d'Escanor. Les meurtriers de Cortois de Huberlant démembrent leur victime avec férocité. La demoiselle de l'âtre périlleux mène une existence écartelée entre deux pôles, le repos forcé ou l'activité sexuelle obligatoire, entre deux temps, la phase diurne et la phase nocturne. Espinogre poursuit deux conquêtes amoureuses à la fois. Quant à Cadrès, il est déchiré entre bonheur et tristesse : il conçoit de la joie à la pensée de revoir son amie mais redoute en même temps de la perdre à tout jamais. Le Laid Hardi propose à Gauvain de faire de l'amie du Magicien propriété commune. Et, bien sûr, Gauvain partage son identité avec nombre de chevaliers. Quelque diverses qu'elles apparaissent, ces situations se ramènent à deux cas de figure : ou bien Gauvain (ou sa représentation symbolique) fait l'objet du morcellement, ou bien une autre personne en fait les frais. Dans ce dernier cas, l'éclatement résulte toujours d'une certaine pauvreté amoureuse. Le diable de l'âtre périlleux exerce une contrainte sur la demoiselle (mal) aimée ; Espinogre adhère à une conception de l'amour peu exigeante ; le chevalier qui veut ravir à Cadrès son amie fait preuve d'égoïsme ; le Laid Hardi prend l'amie de l'Orgueilleux Faé comme un simple enjeu, au mépris des lois de l'amour. Or dans tous ces passages, l'éternel célibataire, Gauvain, s'improvise champion de l'amour et rétablit l'ordre des choses. Plus précisément, il fait en sorte que l'amour devienne sans partage, c'est-à-dire que l'amant s'y livre sans réserve, entièrement. En revanche, l'amour ne joue aucun rôle quand Gauvain subit lui-même le morcellement — sinon, peut-être, l'amour-propre... De la sorte, Gauvain reste fidèle à lui-même, c'est-à-dire à l'image que la tradition donne de lui :

13. Marie-Louise Ollier, «Introduction à la traduction de l'*Âtre périlleux*», *La Légende arthurienne. (Le Graal et la Table ronde)*, Paris, Robert Laffont, 1989, p. 609.
14. Voir Keith Busby, *op. cit.*, p. 105.

un chevalier incapable de mettre toute sa personne au service d'un idéal amoureux élevé.

La critique a élevé de multiples reproches au sujet de la structure de ce récit. Ainsi, s'il accorde un certain intérêt à l'épisode de l'âtre périlleux, Alexander Haggerty Krappe ne voit dans le reste que « lieux communs, combat banal et quelques radotages pieux[15] ». Il porte un jugement sévère sur le roman, qu'il considère comme l'« œuvre maladroite d'un clerc désireux de motiver, coûte que coûte, chaque événement qu'il relate[16] ». Pour Marie-Luce Chènerie, l'histoire est « surtout prétexte à un roman d'aventures multiples et plaisantes[17] ». Les auteurs du *Roman jusqu'à la fin du XIII*ᵉ *siècle* considèrent pour leur part que l'épisode de l'âtre périlleux et que le combat contre le Laid Hardi ne « s'insère[nt] pas vraiment dans la trame du récit[18] ». Quant à Nancy Black, elle estime qu'en dépit de nombreuses interruptions et d'épisodes un peu détachés de l'ensemble, l'œuvre n'en revêt pas moins une mystérieuse unité[19]. Au vrai, la multiplication des épreuves dans l'*Âtre périlleux* n'est pas aussi gratuite qu'elle peut le sembler à première vue ; elle épouse une logique rigoureuse, quoique inhabituelle à nos yeux. Mais la cécité d'un lecteur abusé par les apparences répond bien à l'aveuglement de Martin, trompé par la ressemblance entre Gauvain et Cortois de Huberlant...

L'auteur anonyme de *L'Âtre périlleux* manifeste une connaissance aiguë de la tradition arthurienne : il sacrifie à l'usage qui fait de Keu un chevalier prompt à tenter une épreuve mais dont les tentatives sont vouées à l'échec ; il sait comment infléchir l'itinéraire d'un héros en postant judicieusement sur sa route des demoiselles en détresse ; il se souvient ici ou là du *Conte du graal.* Enfin, il connaît les moindres facettes de la personnalité de Gauvain : le séducteur volage, le chevalier toujours prêt à prendre la défense des demoiselles esseulées, le héros solaire, le combattant valeureux fier de décliner son identité, le guérisseur, le compagnon inséparable de Gringalet. Le savoir de l'auteur lui permet de proposer des variations originales sur des thèmes éculés. Ainsi, il prive momentanément Gauvain du plaisir de signer ses exploits et campe l'éternel célibataire dans le rôle d'un entremetteur des plus

---

15. Alexander Haggerty Krappe, « Sur un épisode de l'*Âtre périlleux*, *Romania*, t. LVIII (1932), p. 261.

16. *Loc. cit.*

17. Marie-Luce Chènerie, *op. cit.*, p. 97.

18. Sous la direction de Jean Frappier et Reinhold R. Grimm, *Le Roman jusqu'à la fin du XIII*ᵉ *siècle. Tome 1 (partie historique)*, Heidelberg, Carl Winter-Universitätsverlag, 1978, p. 385.

19. Nancy B. Black, *op. cit.*, p. XVI-XVII.

efficaces — Gauvain réconcilie Goumeret, l'Orgueilleux Faé, Raguidel, Espinogre et Codrovain avec leur amie respective. Loin de s'attacher à ternir le *bon chevalier*, le poète exalte sa valeur. On peut même se demander si la faute initiale — l'atermoiement qui précède la poursuite du ravisseur – n'est pas un prétexte, un prix concédé pour permettre à Gauvain d'accéder au ministère de héros. Dans cette perspective, la publication de la mort du faux Gauvain et la perte du nom qui s'ensuit ne seraient que des artifices narratifs destinés à rendre Gauvain semblable, autant que faire se peut, à ces novices qui, par une ascension fulgurante, attirent sur eux les regards éblouis des chevaliers et des demoiselles de la cour arthurienne. Pour que le lecteur regarde Gauvain avec des yeux neufs et se réjouisse de le voir de nouveau au pinacle de la gloire, il fallait bien que le héros en fût un instant délogé...

La mise en scène du *Dictionnaire de l'Académie dedié au Roy* (1694): «dire d'avance» par la *Preface*

CLAUDE BRÉVOT DROMZÉE

Le 22 février 1635 sont rédigés «Statuts et Reglements de l'Academie Françoise» signés d'abord par le cardinal de Richelieu puis — plus bas — par un certain Charpentier, sans doute le premier secrétaire du cardinal[1]. L'article XXVI stipule : « Il sera composé un dictionnaire, une grammaire, une rhétorique et une poétique sur les observations de l'Académie[2]. »

Or ce n'est que 59 ans plus tard[3], le 24 août 1694 — jour de la saint Barthélemy et veille de la saint Louis — que le

---

1. Denis Charpentier, né à Paris ; il ne cessa — dès 1609 et jusqu'à sa mort (en 1647) — «de transcrire les lettres et les rapports (du cardinal) en imitant son écriture» (d'après le *Dictionnaire des biographies françaises*, sous la direction de Roman d'Amat, Prévost, Paris 1959).

2. D. Oster, *Histoire de l'Académie française*, Vialetay, 1970, p. IX.

3. Jusqu'à ce jour (l'édition actuelle — la neuvième — date de 1985, soit 50 ans après la précédente), le record de lenteur n'est pas battu, même si l'argument est toujours de mise : «Les doléances et les plaisanteries que suscitent les lenteurs du *Dictionnaire* sont presque aussi anciennes que l'Académie elle-même.» (M. Druon, « Préface » à la neuvième édition, Imprimerie Nationale, 1985, première phrase.)

Dictionnaire de l'Académie françoise sera présenté au roi. L'événement — non cité dans les *Registres de l'Académie* — est raconté dans le *Mercure* d'août en ces termes : « Enfin, Madame,
toute la France va estre contente[4]. » Louis XIV remercie ainsi
les académiciens, conduits par Jacques de Tourreil : « Messieurs voicy un Ouvrage attendu depuis longtemps. Puisque
tant d'habiles gens y ont travaillé, je ne doute point qu'il soit
tres-beau et fort utile pour la Langue[5]. »

L'impatience avec laquelle l'ouvrage est attendu (depuis
59 ans) souligne — c'est le moins que l'on puisse affirmer —
la lenteur du travail académique. Comment expliquer ce qui *a
priori* ne valorise pas l'institution ? C'est l'un des objets de la
« Preface » (« *praefacio* = je dis avant ») ; n'est-ce pas la fonction
principale, justifiant le retard pris sur l'engagement initial,
pour prévenir les objections qui auront eu le temps de se
manifester ?

L'auteur de la « Preface » a donc une double tâche :
après « l'Epistre au Roy » qui permet de dédier l'ouvrage au
protecteur de l'Académie, la « Preface » expose d'une part les
méthodes de travail et les choix faits par les académiciens
pour la rédaction du dictionnaire, et d'autre part, elle permet
de justifier la lenteur du travail comme « preuve » de la qualité
du contenu. La « Preface » sert aussi à souligner l'originalité
du *Dictionnaire* qui décrit une langue parvenue à un « estat de
perfection », thème académique par excellence sous le règne
de Louis XIV.

Si « l'Epistre au Roy » s'inscrit dans le genre épidictique
par l'éloge du roi à travers celui de la langue française, la
« Preface » appartient plutôt au genre délibératif par l'intention de convaincre, et s'apparente au genre judiciaire par la
volonté de re-situer la publication du *Dictionnaire* dans un contexte difficile. Difficile pour des raisons internes (lenteur du
travail académique, concurrence de Furetière) et externes
(essoufflement du pouvoir, instabilité de la politique exté-
rieure).

Les deux tiers de la « Preface » semblent être consacrés,
après un court exorde montrant l'origine de l'ouvrage (1635),
à la présentation du contenu. Serait-ce le premier dictionnaire de langue française ? C'est ce que veut prouver l'auteur,

4. Phrase citée par F. Brunot, *Histoire de la langue française des origines à 1900*, tome IV, Iʳᵉ partie, p. 40.
5. J. de Tourreil (1656-1715) à la fois jurisconsulte et littérateur,
traducteur de Démosthène (*Harangue sur la paix*) ; il fut reçu à l'Académie le
14 février 1692 par F. Charpentier (1620-1702). C'est en qualité de directeur
qu'il conduit la délégation chargée de remettre le *Dictionnaire* au roi. La
phrase de J. de Tourreil est rapportée par F. Brunot, ouv. cit., p. 40.

La mise en scène du *Dictionnaire de l'Académie*
dedié au *Roy* (1694) : « dire d'avance » par la *Preface*.

131

en affirmant d'emblée la supériorité de l'ouvrage sur les dictionnaires de langues anciennes : «Il a esté commencé & achevé dans le siecle le plus florissant de la Langue Françoise.»

Ce postulat permet — au nom du «bel usage[6]» — de montrer son originalité («il ne cite point») et de revendiquer ainsi toute la paternité de l'ouvrage («plusieurs de nos plus celebres Orateurs & et de nos plus grands Poëtes y ont travaillé»). L'Académie — en tant que compagnie officielle habilitée à décrire la langue — est le seul lieu capable de produire «ce thresor inestimable». Les enjeux sont d'autant plus importants que la gestation du «thresor» a été longue et laborieuse : le travail — avant l'arrivée de Colbert et l'initiative de ses jetons — avait été abandonné durant plus de vingt ans. À partir des années soixante-dix, il fallut encore plus de deux décennies pour avancer puis réviser la tâche. Les académiciens sont présentés à la fois comme des témoins de «l'usage» et comme les acteurs les plus aptes à «mettre la Langue Françoise en estat de conserver sa pureté». Ré-affirmation — derrière «l'usage» de la langue — de l'utilité des hommes de lettres.

La seconde originalité de l'ouvrage se rapporte à «l'arrangement des mots», disposés «par racines» : «C'est ce qui rend cette lecture plus agreable que celle des autres Dictionnaires qui n'ont point suivi l'ordre des Racines.» Notons que cette méthode restera expérimentale : la deuxième édition reviendra à une disposition classique et donnera une suite à la péroraison de la présente édition : «L'Academie recevra avec plaisir tous les avis qu'on voudra luy donner et s'en servira dans les Editions suivantes de ce Dictionnaire.»

Si le choix de la disposition des mots et des registres de langue (pas de «termes d'emportement ou qui blessent la pudeur», pas de «mots nouvellement inventez», pas de «termes des Arts et des Sciences») est ici justifié, c'est moins pour présenter l'ouvrage que pour aller au-devant de certaines objections, explicites avant la fin de cette première partie consacrée à la présentation du contenu, sous l'angle méthodologique : «Il est à craindre qu'en rendant compte au Public de son travail, quelques-uns n'accusent [l'Académie] d'avoir fait trop de cas, et de s'estre trop occupée de ces Minuties grammaticales qui composent le fonds du Dictionnaire.»

6. La règle de l'usage, dans la tradition de Vaugelas, exclut, parmi les mots, ceux qui ne prendraient pas pour «autorité la plus saine partie de la cour», Vaugelas (Claude Favre, seigneur de) *Remarques sur la langue française (1585-1650)*, éd. 1647, nouvelle édition A. Chassang, Paris, le Cerf, s.d. 2 vol., Introduction.

Les «minuties» seraient pour le vulgaire «des speculations frivoles et inutiles» et pour les sages de «profondes meditations qui les font penetrer dans l'artifice du plus merveilleux ouvrage de la Divinité[7]». L'auteur de la «Preface» reprend l'esprit de cette seconde affirmation et s'appuie sur deux exemples d'hommes de pouvoir et d'esprit à la fois (Jules César et Charlemagne) pour revendiquer la valeur du travail académique, appelé à traverser les âges et à être «encore plus utile à la Posterité». Le rapprochement entre les deux formes de pouvoirs (politique et intellectuel) est à l'image de l'époque et des enjeux d'une structure telle que l'Académie : participer à l'hégémonie.

Il est d'autant plus facile à l'auteur de la «Preface» de reprendre l'esprit du texte cité précédemment qu'il s'agit sans doute du même académicien — François Charpentier — comme celui-ci l'affirme sans ambiguïté : «Je ne crois pas faire grand tort au corps entier de l'Academie en m'attribuant "l'Epistre" et la "Preface" de son *Dictionnaire* puisque j'en suis l'auteur[8].»

Même s'il s'agit d'un travail à plusieurs mains, François Charpentier — académicien d'âge respectable (il a 74 ans en 1694 et est à l'Académie depuis l'âge de 31 ans) estime probablement qu'il est en droit d'assumer la paternité de cet exercice académique, en tant que doyen et que dernier représentant de cette génération d'académiciens entrés à l'Académie dans les années cinquante. À côté du nom de Charpentier figurent, dans les *Registres*, ceux d'autres académiciens qui auraient participé à la commission de travail : Racine (55 ans), Régnier-Desmarais (62 ans), Ch. Perrault (66 ans). Est-ce parce que leur âge était moins canonique que leur version ne semble pas avoir été retenue[9]? La rédaction de «l'Epistre» (notamment) et de la «Preface» furent donc l'objet d'une grande émulation au sein du corps académique. L'on comprend aisément combien la paternité de tels morceaux choisis pouvait être prisée dans un corps où la notion de mérite est réflexive : louer la langue, c'est louer le roi qui — en tant que protecteur de l'Académie — sait encourager

7. Extrait du *Discours prononcez à l'Academie françoise à la réception de M. de Callieres et de M. Renaudot*, le 7 février 1689, Paris, J. B. Coignard, 1689, in-12, p. 104. François Charpentier en est l'auteur.

8. *Carpentariana, ou Remarques d'Histoire, de Morale, de Critique, d'Erudition et de bons mots de M. Charpentier*, publié par Boscheron, Paris, N. Le Breton, 1724, p. 370.

9. Citons Régnier-Desmarais, alors secrétaire de l'Académie : «M. Charpentier, qui avoit aussi composé une autre Préface sur celle que j'avois laissée en partant entre les mains de l'Académie, obtint de faire imprimer la sienne», cité dans les *Registres de l'Académie française*, t. I, p. 331.

La mise en scène du *Dictionnaire de l'Académie*
dedié au Roy (1694) : « dire d'avance » par la *Preface*.

133

les flatteries les plus éloquentes. Si la « famille académique »
existe, unie par le mérite, elle est aussi constituée d'individua-
lités dont la rivalité s'exprime d'abord de manière oratoire.
L'émulation fut si grande — exacerbée par les lenteurs préli-
minaires — que tout se joua en quelques mois avant la présentation du *Dictionnaire* au roi (24 août 1694).

Sans être en mesure d'affirmer la paternité totale de
François Charpentier, notons que la reprise textuelle de certains passages de discours antérieurs (par exemple *Reponse à
François de Callières et à l'abbé Renaudot*) dans la « Preface » est
pour le moins troublante, d'autant qu'il s'agit d'éléments
significatifs. C'est, d'autre part, comme si la « Preface » était
préalablement annoncée (« dite à l'avance ») au sein de l'Académie, lors des discours adressés aux récipiendaires (les réceptions sont publiques depuis 1672).

Au vu de ces « coïncidences » et si l'on s'appuie sur l'hypothèse selon laquelle François Charpentier serait l'auteur de
la « Preface », il faudrait alors relire les discours de celui-ci (il
reçut, entre 1671 et 1693, huit académiciens) pour les mettre
en perspective avec la « Preface ». Il convient de garder à l'esprit l'un des deux objectifs assignés à l'auteur de la « Preface » : répondre aux reproches concernant la lenteur du
travail. La re-lecture est donc légitimée par le fait que l'élaboration du *Dictionnaire* est au programme depuis plusieurs
décennies.

Si la réception de Bossuet par François Charpentier — le
8 juin 1671 — ne donne lieu à aucun commentaire concernant le *Dictionnaire*, il n'en est pas de même le 12 juillet 1688,
lorsque cet académicien reçoit Jean De la Chapelle. Charpentier loue le chancelier Seguier qui a « si souvent opiné sur
l'explication et l'usage des mots de la Langue Françoise » ;
c'est — au-delà du simple éloge — déjà une manière de montrer le fonctionnement démocratique et la qualité des méthodes de travail au sein de l'Académie. Procédé contraire à
celui auquel a recouru Antoine Furetière, qui — selon François Charpentier — a agi seul, frauduleusement, et a pris de
vitesse les académiciens (son *Dictionnaire* paraîtra en 1690[10]) !
Ainsi, quand le *Dictionnaire de l'Academie* est présenté au roi (le
24 août 1694), il y a exactement dix ans que le privilège de
publier le *Dictionnaire des Arts et des Sciences* a été insidieuse-
ment obtenu par Antoine Furetière en vue de produire un ouvrage susceptible de porter préjudice au dictionnaire officiel de

---

10. Son titre exact : *Dictionnaire universel, contenant generalement tous
les mots françois tant vieux que modernes et les termes des sciences et des arts,*
3 vol. La Haye/Rotterdam, Arnout et Reiner Leers 1690, Préface de P. Bayle ;
réed. Paris S.N.L., *Dictionnaire le Robert*, 1978, Préface d'Alain Rey.

l'Académie. Ajoutons, pour en terminer avec «l'affaire Furetière» la mention de deux faits en rapport avec la «Preface».
D'abord c'est F. Charpentier lui-même que «l'academicien
perfide[11]» contacta pour arracher — par ruse — ce nécessaire
privilège; de plus, le roi — auquel s'adressa Furetière dans
une «Epître dédicatoire» — ne fut pas prompt à le condam-
ner, engageant d'abord «l'Academie à luy pardonner sa faute
et à le restablir». La péroraison de ce discours du 12 juillet
1688 fait figure — comme d'autres discours plus tard — d'annonce publique d'une parution imminente : «ce riche et ele-
gant Dictionnaire qui sera l'admiration de nostre siecle & des
siecles à venir. [...] Venez donc, Monsieur, nous aider à finir
cet excellent Ouvrage qui soustiendra dignement la longue
attente qu'on en a euë [...] ce travail finira et finira bien-tost».
   On peut se demander si le 7 février 1689 — lors de la
double réception de François de Callières et de l'abbé Renaudot — François Charpentier avait déjà pensé la «Preface»
qu'il imposerait vraisemblablement aux autres académiciens
et qui figurerait au seuil de la première édition du *Dictionnaire
de l'Academie Françoise*. On pourrait le supposer puisque
plusieurs passages préfigurent ce texte[12]. Donnons un seul exemple :

> Elle s'est retranchée à la Langue commune, telle qu'elle est
> dans le commerce ordinaire des honnestes gens, & telle que
> les Orateurs et les Poëtes l'employent. Par ce moyen elle em-
> brasse [ce qui comprend] tout ce qui peut servir à la Noblesse
> & à l'Elegance du discours. Elle definit les Mots les plus com-
> muns [elle a donné la Definition de tous les mots communs]
> de la Langue, dont les Idées sont fort simples, ce qui est infini-
> ment [et cela est beaucoup] plus mal-aisé que de definir les
> Mots des Arts et des Sciences dont les Idées sont fort compo-
> sées.

   L'application concrète qui suit est la même (définir
«voir» plutôt que «telescope»). Deux autres passages aussi
significatifs («l'Ouvrage est à la fois unique et excellent : il
émane d'un corps d'élite») pourraient être cités, de même
pour les allusions à Jules César et à Charlemagne. C'est là la
preuve de la longue gestation du *Dictionnaire*, «publié»

---

11. «Réponse de Monsieur Charpentier au discours prononcé par
Monsieur De la Chapelle le jour de sa réception», (le 12 juillet 1688), in
*Recueil des Harangues prononcées par Messieurs de l'Académie, dans leurs récep-
tions et en d'autres occasions, depuis l'establissement de l'Académie jusqu'à présent*, Paris, J. B. Coignard, 1688, p. 539. La citation qui suit est empruntée elle
aussi à ce discours.
   12. Entre crochets figurent les «écarts» relevés dans la «Preface».

La mise en scène du *Dictionnaire de l'Académie*
dedié au Roy (1694) : « dire d'avance » par la *Preface*.

135

(rendu public) bien avant le 24 août 1694, par l'un des académiciens les plus assidus[13]. À l'emploi du futur dans le discours du 12 juillet 1688 succède (sept mois plus tard) le présent de l'indicatif, annonçant l'imminence de la publication : « C'est sous les auspices de ce Père de la Patrie que l'Académie acheve ce fameux Dictionaire, dont on ne peut assez loüer la beauté & l'utilité[14]. »

L'ultime épisode du « feuilleton » proclamant de nouveau la publication du *Dictionnaire* (il « vient d'estre achevé ») figure dans le dernier discours que Charpentier adresse aux académiciens nouvellement reçus. Il s'agit de La Bruyère et de l'abbé Bignon, reçus le 15 juin 1693. On sait alors que « le Dictionnaire [...] est un Thresor inestimable pour les Estrangers et pour la France mesme. C'est l'Ouvrage cheri de l'Academie[15] ».

Cette utilité sera soulignée à la fois dans l'exorde et la péroraison de la « Preface » :

> Le Dictionnaire de l'Academie ne sera pas moins utile, tant à l'esgard des Estrangers qui aiment nostre langue, qu'à l'esgard des François mesmes qui sont quelquefois en peine de la veritable signification des mots ou qui n'en connoissent pas le bel usage, & qui seront bien aises d'y trouver des esclaircissemens à leurs doutes [...] elle recevra avec plaisir tous les avis qu'on voudra bien luy donner, & s'en servira dans les Editions suivantes de ce Dictionnaire, afin de le rendre plus utile & de respondre plus dignement à l'attente du Public.

Le 15 juin 1693, Charpentier — s'adressant plus spécialement à l'abbé Bignon — affirme que « la langue Françoise [est] parvenuë aujourd'huy au dernier degré de sa perfection, sous le regne de Louis le Grand, qui est l'Alexandre et l'Auguste de la France ».

Il est évident — l'auteur le rappelle dans la péroraison de la présente édition — que l'ouvrage qui « a esté commencé & achevé dans le siecle le plus florissant de la Langue Françoise » est « en estat de conserver sa pureté » et de « contribuër à la Perfection de la Langue ».

---

13. D'après les *Registres de l'Académie française 1672-1793* (Didot, 1895-1906, tome 1 : 1895), on peut estimer, en ce qui concerne F. Charpentier, sa présence aux séances tenues à l'Académie — pour l'année 1678 par exemple — à un taux de 98,7 % !

14. *Discours prononcez à l'Academie françoise à la reception de M. de Callieres et de M. Renaudot le 7 fevrier 1689*, Paris, Jean-Baptiste Coignard, in-12, p. 110.

15. *Discours de M. Charpentier, prononcé à l'Académie françoise, le lundy 15 juin 1693, à la reception de M. l'abbé Bignon et de M. de La Bruyère*, s.l.n.d., in-4°, p. 34.

«L'Académie auroit souhaité de pouvoir satisfaire plustost l'impatience que le Public a tesmoignée de voir ce Dictionnaire achevé», écrit le rédacteur de la «Preface» dans le dernier tiers du texte (page 7). Après la présentation du contenu, il répond directement aux éventuels reproches concernant le retard pris sur l'engagement initial. L'argumentaire met en jeu des raisons de différents types : d'abord externes, purement structurelles (lenteur administrative pour l'enregistrement des statuts, absence d'une «Maison pour y tenir ses Conferences» entraînant un manque d'assiduité), mais aussi internes, d'ordre méthodologique (refonte des propositions de Vaugelas, fonctionnement démocratique) : «tous ceux qui composent [l'Académie] disent successivement leur avis sur chaque mot & ou la diversité des opinions apporte necessairement de grands retardemens» : *Preface*, p. 8). L'habileté de l'auteur consiste à retourner l'argument en faisant de la lenteur un label indispensable de qualité : «C'est en cela que la lenteur du travail d'une Compagnie est avantageusement recompensée par l'authorité de ses Décisions.»

L'allusion nominative à Colbert — anecdote que reprendra Maurice Druon[16] — va au-delà de l'éloge (après celui du chancelier Séguier et de Louis XIV) pour cautionner — comme l'affirme la péroraison — «l'Attention et l'Exactitude que l'Académie apportoit à la composition de ce Dictionnaire», valeurs sous-tendues par l'indispensable lenteur.

Pourquoi s'intéresser à un texte dont la fonction consiste à s'effacer pour «dire» ce qui suit? «Dire le contenu qui suit», c'est déclarer le sujet. C'est aussi, comme l'affirme Descartes dans une lettre adressée à l'abbé Picot[17], montrer quel dessein l'auteur peut avoir en l'écrivant et quelle utilité on peut en tirer. La notion d'utilité — application de «l'usage» — apparaît à la fois dans l'exorde et la péroraison de cette «Preface» : «le Dictionnaire de l'Academie qui ne sera pas moins utile tant à l'esgard des Estrangers qui aiment nostre

16. « Le premier à s'y montrer sensible, comme tout ministre l'est aux dires de l'opinion, fut Colbert. Il appartenait à la Compagnie, sans que ses charges lui permissent d'y paraître souvent. il y vint pourtant un jour dans l'intention de hâter ses confrères. Mais quand il eut constaté le temps qu'il fallait pour définir correctement un mot, et la diversité des savoirs que cet exercice requérait, il s'en retourna en disant : "je vous laisse à votre train". Et comme il était bon ministre, il fit payer des copistes pour faciliter le labeur», « Préface » à la neuvième édition, ouv. cit.
17. Descartes, *Œuvres philosophiques (1643-1650)*, éd. Garnier (1973), t. III, p. 769. Référence citée par A. Compagnon, *La Seconde Main ou le travail de la citation*, Seuil, 1979. Les pages 341-346 (entre autres) éclairent de manière magistrale toute étude sur les préfaces et, par voie de conséquence, l'originalité de celle-ci.

langue [...] afin de le rendre plus utile et de respondre plus dignement à l'attente du Public».

Quant «au dessein de l'auteur», il semble *a priori* plus délicat de le reconnaître dans la mesure où il s'agit d'une œuvre collective, émanant d'un corps uni par le mérite et par la gloire d'être sous la protection de Louis XIV. C'est pourquoi l'anonymat prévaut. Mais la preuve de l'empreinte individuelle est là. Tissée d'un certain nombre de réminiscences précises (ébauches de préfaces à la « Preface »), cette « Preface » est en quelque sorte signée : publiquement et à quatre reprises (dont deux sont des doubles réceptions), François Charpentier fait très nettement allusion au *Dictionnaire*, aux thèmes de la «Preface» dont certains seront textuellement repris (à partir du discours du 7 février 1689). Le dessein de l'auteur qui ne «s'adresse pas à n'importe quel lecteur[18]» apparaît donc en filigrane, annoncé en un lieu qui en garantit à la fois la valeur et la légitimité. Le corps académique faisant autorité en ce lieu, la «Preface» revêt un caractère stratégique, répondant par la justification à l'attente du *Dictionnaire*. Il s'agit là de la première pierre d'un édifice colossal et toujours en chantier dont l'intérêt historique et linguistique est indéniable : les académiciens se définissent aujourd'hui comme «les greffiers de l'usage». La «Preface» constitue ainsi une sorte de référence, à la fois pour les autres dictionnaires de l'époque[19] et pour l'esprit de l'institution[20].

---

18. A. Compagnon, ouv. cit., p. 343.

19. La «Preface» à la seconde édition du *Dictionnaire universel* de Furetière (revue, corrigée, augmentée par Basnage de Bauval, 1701) commence ainsi : «Cette seconde édition n'a pas besoin d'une longue préface. Il seroit superflu de discourir sur l'utilité d'un Dictionnaire en général [...] le sujet est épuisé par la "Préface" qui a été mise à la tête de la première édition et par celle dont Messieurs de l'Académie ont orné leur *Dictionnaire.*»

20. «Le *Dictionnaire* de l'Académie est celui de l'usage, simplement et suprêmement, le dictionnaire du bon usage, qui par là sert, ou devrait servir, de référence à tous les autres. Telle est l'ambition, mesurée mais persévérante, qui guide les académiciens français.» (M. Druon, ouv. cit.)

Collaborateurs

Ce numéro a été coordonné par Jean-Philippe Beaulieu.

Claude Brévot DROMZÉE
> Claude Brévot Dromzée, docteur de l'Université de Reims Champagne Ardenne (Lettres Modernes), enseigne les techniques d'expression à l'IUT (département de gestion) et le français langue étrangère au CIU (Centre International Universitaire). Sa recherche de base (étude d'un auteur académicien du XVIIᵉ siècle : François Charpentier) l'a conduite à s'intéresser à l'analyse de discours, notamment à l'image de l'Académie à travers la presse.

Jean-Philippe BEAULIEU
> Professeur agrégé au département d'études françaises de l'Université de Montréal, Jean-Philippe Beaulieu s'intéresse au roman chevaleresque et aux femmes écrivains de la Renaissance. Il a publié en 1995 une édition critique des *Epistres* d'Hélisenne de Crenne (Presses de l'Université de Montréal), ainsi qu'une version modernisée du *Songe* du même auteur (Éditions côté-femmes).

Peter F. DEMBOWSKI
> Professeur émérite de l'Université de Chicago, Peter Dembowski s'intéresse particulièrement à l'œuvre de Froissart, comme en font foi son édition du *Paradis d'amour* (Genève, Droz, 1986) et son livre intitulé *Jean Froissart and his Meliador* (Lexington, French Forum, 1983). Parmi les nombreuses éditions critiques qu'il a préparées, signalons *Jourdain de Blaye* (Paris, Champion, 1991) ainsi qu'*Erec et Enide*, pour les œuvres complètes de Chrétien de Troyes (Bibliothèque de la Pléiade, 1994).

Diane DESROSIERS-BONIN
> Spécialiste de Rabelais (*Rabelais et l'humanisme civil*, Genève, Droz, 1992), Diane Desrosiers-Bonin enseigne à l'Université McGill. Elle poursuit actuellement des recherches sur l'écriture féminine à la Renaissance, en collaboration avec Jean-Philippe Beaulieu et William Kemp. Parmi ses articles récemment publiés, signalons « L'abbaye de Thélème et le temple des Rhétoriqueurs » (*Études rabelaisiennes*) et « Le Même et l'Autre dans deux recueils de nouvelles de la Renaissance française » (*Carrefour*).

Lise MORIN
> Chargée de cours au département de français de l'Université du Québec à Trois-Rivières, Lise Morin a obtenu une maîtrise en littérature médiévale de l'Université Laval, un DEA dans ce même domaine de l'Université de Poitiers et un doctorat en littérature québécoise de l'Université Laval. Elle a publié des articles dans diverses revues dont *Le Moyen Âge* (Belgique), *Littératures* (McGill) *Voix et Images* et *Les Écrits du Canada français*.

Marian ROTHSTEIN
> Professeure agrégée à Carthage College (Kenosha, Wisconsin), Marian Rothstein a fait paraître plusieurs articles sur la littérature de la Renaissance, notamment une étude sur Jean Lemaire : « Jean Lemaire's *Illustration de Gaule et singularitez de Troye* : Politics and Purpose », *Bibliothèque d'Humanisme et Renaissance*, vol. 52, 1990). Elle s'intéresse depuis quelque temps au roman de la Renaissance auquel elle consacrera une étude intitulée *The Novel and the Reader in Renaissance France*.

Voichiţa-Maria SASU
> Voichiţa Sasu est maître de conférences à l'Université *Babes-Boyai* de Cluj-Napoca, en Roumanie. Spécialiste de la littérature française du

Moyen Âge et de la Renaissance, elle travaille présentement dans le secteur de la littérature francophone. Elle a traduit en roumain des textes d'Anne Hébert (*les Chambres de bois, le Torrent, Héloïse*) et d'André Carpentier (*l'Aigle volera à travers le soleil*).

Pierre SERVET
Maître de conférence à l'Université Jean-Moulin (Lyon III), Pierre Servet a fait paraître chez Droz, en 1993, une édition du *Mystère de la Résurrection*. Il prépare actuellement pour Champion une édition critique du *Chevalier au lion* de Pierre Sala.

Michel STANESCO
Michel Stanesco, qui enseigne à l'Université de Strasbourg, est connu pour ses nombreuses études sur la littérature médiévale. Parmi ses publications récentes, signalons l'*Histoire européenne du roman médiéval* qu'il a signée avec Michel Zink (Paris, PUF, 1992).

Résumés

Claude Brévot Dromzée
LA MISE EN SCÈNE DU *DICTIONNAIRE DE L'ACADÉMIE DEDIÉ AU ROY*
(1694) : «DIRE D'AVANCE» PAR LA *PREFACE*
Quand le dictionnaire de l'Académie est présenté au roi le 24 août 1694 par une délégation d'académiciens, un long travail de genèse prend fin. Comment expliquer cette attente de près de soixante ans depuis la fondation de l'Académie française ? C'est ce que se propose de faire l'auteur de la «Preface» — pièce à la fois délibérative et justificative d'une entreprise dont les prémices apparaissent dans d'autres textes.

Jean-Philippe Beaulieu
LES DONNÉES CHEVALERESQUES DU CONTRAT DE LECTURE DANS LES *ANGOYSSES DOULOUREUSES* D'HÉLISENNE DE CRENNE
Dans les parties deux et trois des *Angoysses douloureuses qui procedent d'amours* (1538), Hélisenne de Crenne établit un contrat de lecture dont les clauses les plus importantes sont manifestement tributaires de l'idéal chevaleresque. Le récit lui-même, toutefois, paraît difficilement pouvoir respecter ce contrat, probablement en raison de l'influence du roman sentimental sur la matière narrative des *Angoysses*.

Peter F. Dembowski
MELIADOR DE JEAN FROISSART, SON IMPORTANCE LITTÉRAIRE
Le grand chroniqueur français, Jean Froissart, a composé vers 1380 un long roman en vers octosyllabiques. L'action de ce dernier roman français en vers se déroule au moment de la jeunesse des héros arthuriens. Complètement fictif, ne comprenant aucun des *realia* historiques, ce roman exprime mieux que les *Chroniques* les aspirations et les mentalités des nobles de l'époque.

Diane Desrosiers-Bonin
LES CHRONIQUES GARGANTUINES ET LA PARODIE DU CHEVALERESQUE .
Les *Chroniques gargantuines*, textes anonymes en prose du XVIᵉ siècle auxquels s'apparentent le *Pantagruel* et le *Gargantua* de Rabelais, proposent une version parodique des récits historiographiques et des romans de chevalerie, par le rabaissement et l'amplification des caractéristiques formelles et des composantes traditionnelles de ces deux genres — protestation de vérité et procédés de véridiction, étymologies étiologiques, tripartition du récit, etc.

Lise Morin
LE SOI ET LE DOUBLE DANS L'*ÂTRE PÉRILLEUX*
Une étude de la structure de l'*Âtre périlleux* accuse la profonde unité de l'œuvre : depuis l'incurie initiale de Gauvain devant un enlèvement intempestif jusqu'au retour triomphal à la cour arthurienne, en passant par le combat contre le diable du cimetière, tous les épisodes du récit gravitent autour d'une même problématique, la patiente reconstitution d'une identité perdue.

Marian Rothstein
LE GENRE DU ROMAN À LA RENAISSANCE
Le roman à la Renaissance, surtout le roman d'aventures, doit être compris comme le proche parent de l'épopée, type de texte avec lequel il partage assez consciemment plusieurs caractéristiques. Les arts poétiques de l'époque et les préfaces de romans soulignent les traits rapprochant

les deux formes, qui paraissent ainsi relever du même genre à l'époque qui nous intéresse.

Voichiţa Sasu
LA FIGURE D'OGIER, DE LA CHANSON DE GESTE AU ROMAN

De la *Chevalerie Ogier* (XIIᵉ siècle) au *Livre des visions d'Ogier*(1542) s'opère une évolution de la figure du héros épique qui inscrit ce dernier dans un contexte narratif dont les enjeux sont individuels et amoureux, par opposition à la dimension essentiellement collective de l'épopée.

Pierre Servet
LE *TRISTAN* DE PIERRE SALA : ENTRE ROMAN CHEVALERESQUE ET NOUVELLE

Le *Tristan* de Pierre Sala, qui relate l'amitié de Lancelot et du neveu du roi Marc, contient des éléments thématiques et formels étrangers au roman chevaleresque. Cet article cherche à les rapprocher de l'art de la nouvelle et à interpréter la signification de leur présence dans un genre littéraire où on ne les attend pas.

Michel Stanesco
LES LIEUX DE L'AVENTURE DANS LE ROMAN FRANÇAIS DU MOYEN ÂGE FLAMBOYANT

Cet examen du rapport à l'espace dans des romans tardifs, tels *Meliador, Perceforest, Mélusine* et *Jehan de Saintré, suggère qu'en dépit d'un relatif souci d'ouverture sur le monde et de précision géographique, ces textes optent générale-ment pour une toponymie marquée par l'indétermination poétique.*

PRIX
DE LA REVUE
ÉTUDES FRANÇAISES
ET DE LA
FRANCOPHONIE
1995

Introduction à une poétique du divers
Édouard Glissant

L'auteur nous propose une réflexion sur les enjeux de la culture et de la littérature dans le monde d'aujourd'hui. À partir du phénomène de «créolisation», défini comme la rencontre d'éléments culturels variés produisant une réalité imprévisible, il explore ce qu'il nomme, en hommage à Victor Segalen, une Poétique du Divers. Celle-ci consiste en une nouvelle manière de concevoir l'objet littéraire et les langages de l'identité, ainsi qu'en une défense des langues articulée à la conscience de la Totalité-monde. S'appuyant sur les découvertes récentes concernant la science du chaos, Glissant revoie et interroge les notions d'errance, de désordre et de mélange des cultures.

Accompagné de deux entretiens, intitulés *L'imaginaire des langues* et *Le souffle du lieu,* ce livre, qui est une refonte de quatre conférences prononcées à l'Université de Montréal durant l'hiver 1995 dans le cadre du cycle Jarislowsky, constitue l'une des avancées les plus audacieuses de la pensée contemporaine.

ISBN 2-7606-2479-9, 108 pages 14,95 $. Presses de l'Université de Montréal

EN VENTE
CHEZ VOTRE
LIBRAIRE

Distributeur au Canada
DIFFUSION PROLOGUE
1650, boul. Lionel-Bertrand
Boisbriand, (Québec) J7E 4H4
Téléphone : (514) 434-0306
Télécopieur : (514) 434-2627

Dépositaire Europe :
LIBRAIRIE DU QUÉBEC
30, rue Gay Lussac
75005 Paris (France)
Téléphone : 1.43.54.49.02
Télécopieur : 1.43.54.39.15